Rüdiger Landfester

Nachtrag über Religion

ACADEMIA

Titelbild:
Das Allerheiligenbild von Dürer (1511),
Kunsthistorisches Museum Wien,
gemeinfrei

Die Deutsche Nationalbibliothek verzeichnet diese
Publikation in der Deutschen Nationalbibliografie;
detaillierte bibliografische Daten sind im Internet über
http://dnb.d-nb.de abrufbar.

ISBN 978-3-98572-000-2 (Print)
ISBN 978-3-98572-001-9 (ePDF)

Onlineversion
Nomos eLibrary

1. Auflage 2021
© Academia – ein Verlag in der Nomos Verlagsgesellschaft
mbH & Co. KG, Baden-Baden 2021. Gesamtverantwortung für Druck und Herstellung bei der Nomos Verlagsgesellschaft mbH & Co. KG. Alle Rechte, auch die des
Nachdrucks von Auszügen, der fotomechanischen Wiedergabe und der Übersetzung, vorbehalten. Gedruckt auf
alterungsbeständigem Papier.

Besuchen Sie uns im Internet
academia-verlag.de

In bleibender Verbundenheit
mit meiner viel zu früh verstorbenen Frau
Elisabeth Landfester
geb. Hahn

1934 – 1986

Inhaltsverzeichnis

Einleitung 17

1. Philosophische Hintergrundannahmen 25

2. Religionsbegriff und religionsgeschichtliche Entwicklung 41

3. Religiöse Praxis und aufklärerisches Projekt 73

Schluss 117

Literatur 127

Danksagung

Wenn ich nach einem lebenslangen eigenen Weg vom Mythos zum Logos Anlass zu der Vermutung habe, mit der Religionsfrage noch immer nicht ganz fertig zu sein und deshalb darauf zurückkommen zu müssen, so verdanke ich das, während des zweiten Weltkriegs mit meiner Familie vom Ruhrgebiet in den Schwarzwald evakuiert, gewiss nicht zuletzt dem Besuch einer Internatsschule der Herrnhuter Brüdergemeine in einer kleinen Ortschaft nahe Villingen im Schwarzwald namens Königsfeld, die für mich von da an und bis auf Weiteres zu meiner neuen Heimat geworden war. Allein schon durch die Bereitschaft dieser Schule, mir als externem Schüler das zu dieser Zeit noch obligate Schul- und Büchergeld zu erlassen, vor allem aber mit einer theologisch offen und programmatisch anspruchsvoll gehaltenen Verbindung von christlicher Glaubenspraxis und humanistischer Bildungstradition, eröffnete sie mir zu beidem einen spannungsreichen, aber auch entwicklungsoffenen Zugang.

Es liegt mir an dieser Stelle deshalb daran, diese Danksagung neben dem Herrnhuter Schulwerk im Ganzen insbesondere den Lehrern zu widmen, die damals, wo nicht auch von ihren Verletzungen durch Krieg und Gefangenschaft, so doch zumindest von der Last des allgemeinen Elends gezeichnet, mit diesen Absichten und unter diesen Umständen das Ihre versucht haben, um uns Schüler in unser weiteres Leben zu helfen. Stellvertretend für alle anderen seien nur fünf von ihnen, die mir aus den verschiedensten Gründen besonders erinnerlich geblieben sind, hier dazu auch namentlich genannt.

Dazu gehört allen voran unser langjähriger Deutsch- und Geschichtslehrer Helmut Bitzer, der für uns in beiden Fächern wie kein Anderer zu einem Spiritus Rektor wurde und mir selbst zudem noch, auf eine Vertrauen erweckende Weise ebenso Kontakt suchend wie Distanz wahrend, etwas von jener väterlichen Zuwendung angedeihen ließ, auf die ich nach dem Tod meines Vaters im Krieg zwangsläufig verzichten musste. Besonders viel zu verdanken hatten wir daneben auch unserem Lateinlehrer Dietrich Müller, der es über Jahre verstand, uns die Begegnung mit den klassischen Texten, statt sie als Stoff für altsprachliche Exerzitien zu missbrauchen, zu einer Einführung ins wahre Leben mit alles andere als bibel- und kirchenkompatiblen Einfärbungen zu machen. Mit demselben Überschuss an lebenstauglicher Bildung à part aller sonst üblichen didaktischen Routine entließ uns unser Französischlehrer Helmut Burckhardt, das in diesem Fall zumal auch noch gesättigt von einer europäischen Kultur, die es einem besonders leicht machen konnte, sich aus der heillos kompromittierten deutschen in eine säkular erfolgreichere und legitimatorisch unbestrittenere zu retten, in die Welt jenseits der Schule. Eines seiner für uns bildungsförderlichsten Inzentivs war die Bekundung seines vernichtenden Urteils über Anzeichen für unsägliche geistige Insuffizienz, die uns in seinen Augen trotz all seiner Bemühungen immer noch viel zu oft unterliefen, mit dem Ausdruck „Schnack". Ebenso verließ dank unseres Musiklehrers Walter Wettstein keiner von uns diese Schule, ohne zumindest eine Ahnung davon mitzunehmen, was der passiv erlebte, wo nicht aktiv erschlossene Zugang zu seiner Kunst für das eigene Leben bringen könnte. Über allem thronte zudem lange Zeit, herrnhutisch gemildert und veredelt, mit seiner damals noch immer nicht ganz geräuschlos nutzbaren Beinprothese aus dem Ersten Weltkrieg, als unser ebenso strenger wie gütiger Zeus und Göttervater Walter Wedemann.

Es wäre sehr ungerecht, hier nicht noch zu erwähnen, dass uns mit Walter Bau ein Volksschullehrer alter Schule mit seiner enzyklopädischen Bildung und einem seltenen didaktischen Geschick dazu verholfen hat, die Grund- oder Volksschule, wie es damals hieß, nach der vierten Klasse nicht nur mit mehr als ausreichenden

Schreib-, Lese- und Rechenkenntnissen verlassen zu können, sondern auch mit einem überaus breiten Spektrum von natur- und heimatkundlichem Wissen mit dem Anreiz, sich dieses zumindest als Liebhaberei zu erhalten, wo ihm nicht in der einen oder anderen Richtung noch vertiefend nachzugehen. Ich selbst habe zudem nicht zuletzt deswegen einen besonderen Grund, ihn hier einzubeziehen, weil ich damals, kriegsbedingt und mit allenfalls rudimentären Kenntnissen des Schreibens und Lesens ernsthaft erst im Lauf des zweiten Schuljahrs eingeschult und damit zu einem seiner Schüler geworden, ihm darüber hinaus noch zu danken habe, sich meiner so verständnisvoll und geduldig angenommen zu haben, dass ich diesen Rückstand bis zur vierten und letzten Grundschulklasse aufholen konnte.

Naheliegend war, dass unser damaliger Orts- und Schulpfarrer Friedrich Gärtner, nicht nur theologisch, sondern auch mitmenschlich und seelsorgerlich beeindruckend, als Mitglied der Bekennenden Kirche mit engen Beziehungen zum Niemöller-Kreis zudem politisch untadelig, der spirituellen Mission der Schule ihrer humanistischen gegenüber mehr Gewicht gegeben hat. So verdankte ich ihm, von den religionsskeptischeren Anmutungen meiner anderen Lehrer damals noch nicht allzu sehr beeindruckt worden zu sein, dazu als Konfirmand mit Joh. 24, 2 – *Gott ist Geist, und die ihn anbeten, müs-*

sen ihn im Geist und in der Wahrheit anbeten – einen diesen Vorrang bekräftigenden und anmahnenden Bibelvers. Schon als Schüler wurde ich jedoch den Verdacht nicht los, dass er es mit diesem Spruch, dessen gnostische und damit für die christliche Seite häretische Konnotationen unverkennbar waren, darauf angelegt haben könnte, mich nicht nur mit dessen theologisch korrektem Sinn zu konfrontieren, sondern auch auf die damit konfligierenden Nebenbedeutungen aufmerksam zu machen, die einem anderen als dem genuin biblischen und christlichen Geist entstammten und damit die Option offen hielten, darüber auch wieder hinausgehen zu können.

Durch den Glauben verließ Mose Ägypten
und fürchtete nicht den Zorn des Königs;
denn er hielt sich an den,
den er nicht sah, als sähe er ihn.
Hebr. 11, 27

Uns aber
hat es Gott offenbart durch seinen Geist;
denn der Geist erforscht alle Dinge,
auch die Tiefen der Gottheit.
1. Kor. 2, 10

Einleitung

Seit den ersten Anfängen des europäischen Aufklärungsprojekts im vorklassischen Griechenland richtete sich dessen leitmotivische Forderung nach einer lebensdienlichen Erkenntnispraxis mit dem Anspruch auf rationale Begründbarkeit ihrer Ziele und Erträge vor allem anderen gegen konkurrierende Angebote mit dem Verweis auf die überlegene Autorität von religiösen Lehren und deren prophetischen Sprechern. Inzwischen dürfte diese Entwicklung, von Anfang an umkämpft und von Rückschlägen bedroht, darunter insbesondere von dem mit der Erhebung des Christentums zur Staatsreligion in spätrömischer Zeit zum Programm erhobenen und erst Jahrhunderte später wieder eingedämmten Rückfall in den Mythos, trotz aller Widerstände und Misserfolge zugunsten der aufklärerischen Option unumkehrbar geworden sein.

Dennoch erscheint der endgültige Sieg der Vernunft über ihren ältesten und erklärtesten geschichtlichen Antagonisten – den Aberglauben, wie Voltaire sich an dieser Stelle ausgedrückt haben würde – noch immer in weite Ferne gerückt und zudem jederzeit in der Gefahr, auch wieder verloren gehen zu können. Ein Grund dafür ist wohl immer noch, dass ernsthaftere Bedrohungsszenarien und Lebenskrisen nach wie vor die Neigung verstärken, sich wie eh und je eher von religiösen als von philosophischen Überzeugungen und deren rational begründungsfähigen Erkenntnisderivaten eine Hilfe zu versprechen sowie im schlimmsten Fall, wenn es um Leben und Tod geht, sogar uralten Formeln und Ritualen mehr Vertrauen entgegenzubringen als der Helle der Vernunft. Ein weiterer Grund für diese anhaltende Resistenz- und verbleibende Motivationsfähigkeit von religiösen Überzeugungen dürfte zudem auch noch in ihrer altbekannten und nach wie vor abrufbaren Eignung zu sehen sein, sich in den Dienst anderer als genuin religiöser Ziele stellen lassen zu können, so neben der ideellen Stützung von politischen Ordnungsverhältnissen ohne ein selbsttragendes Fundament nicht zuletzt und mit besonders verheerenden Konsequenzen auch die spirituelle Aufladung und priesterliche Nobilitierung von politischen wie militärischen Konflikten. Aber reicht das alles, hält man sapiens-Hominiden nur dasjenige überlebenswichtige Maß an praktischer Vernunft zugute, zumindest durch eigenen Schaden klug zu werden, allein schon aus, um sich eine solche Persistenz religiöser Überzeugungen erklären zu können?

Zur gleichen Frage gibt auf der religionsaffirmativen Seite und im großkirchlichen Milieu beider Konfessionen, seit geraumer Zeit von einem Exodus spirituell enttäuschter oder auch nur praktisch unbefriedigter Gläubiger zunehmend ernsthaft bedroht, zudem nicht zuletzt auch ein die eigene Mission klärender und bekräftigender Reformdiskurs von bemerkenswerter Radikalität Anlass. Im deutschen Sprachraum lassen sich dazu auf katholischer Seite bekanntlich kritische Theologen wie Karl Rahner und Hans Küng benennen, daneben mit schärferen Konturierungen Eugen Biser und Johann Baptist Metz sowie der aus dem kirchlichen Dienst ausgeschiedene ehemalige Ordensgeistliche Paul Drewermann. Ihnen zur Seite stellen kann man unter den protestantischen Theologen in der Nachfolge Karl Barths zum Beispiel Dorothee Sölle und Helmut Gollwitzer, als Schüler Rudolf Bultmanns mit der für den modernen Protestantismus bis heute maßgeblichen exegetischen Ortsbestimmung im Spannungsfeld zwischen authentischer Jesusbotschaft und nachösterlichem Kerygma noch in jüngster Zeit Jürgen Moltmann mit seinem *Kommen Gottes* von 1995. Ebenso bot das noch nicht lange zu Ende gegangene Lutherjahr – erwähnt seien hier dazu nur die beiden Luther-Monographien von Heinz Schilling, *Martin Luther. Rebell in einer Zeit des Umbruchs* in 3. Auflage von 2014 und von Volker Leppin, *Die fremde Reformation. Luthers mystische Wurzeln* von 2016 – beiden Konfessionen natürlich auch die Gelegenheit zu einer auf die Krisenlage reagierenden theologischen und institutionellen Bestandaufnahme und Reformdebatte.

Eine indirekte Bestätigung für die nach wie vor ungebrochene Aktualität der religiösen Frage in der christlichen Welt ist nicht zu vergessen schließlich auch die immer wieder aufbrechende Fundamentalkritik an der speziell hier zum Usus gewordenen theologischen wie organisatorischen Religionspraxis, so wie man ihr neuerdings, angefangen von Franz Buggles bibelkritischem Generalverdikt aus der Sicht eines Psychologen in *Denn sie wissen nicht, was sie glauben* von 2004 bis zu Peter Sloterdijks *Nach Gott* von 2017 mit seiner auf Nietzsche und Wagner Bezug nehmenden Reflexion über eine von jeder religiösen Metaphorik befreiten Welt einmal mehr begegnen kann. An dieser Stelle dazu noch erwähnt und besonders hervorgehoben sei im Übrigen auch Kurt Flaschs Abrechnung mit seiner christlichen Vergangenheit unter dem Titel *Warum ich kein Christ bin* aus dem Jahr 2013, die mit ihrer Verbindung von Sachverstand und Betroffenheit nicht nur argumentativ besonders zu überzeugen, sondern auf das Eindringlichste auch persönlich anzusprechen und anzurühren vermag.

Mir liegt mit den folgenden Darlegungen weder auf der affirmativen noch auf der kritischen Seite an einer eigenen Beteiligung an diesem Klärungsprozess. Stattdessen möchte ich – als ebenso ergänzenden wie weiterführenden Nachtrag zu meiner vor kurzem erschienenen Veröffentlichung über die europäische Aufklärungsgeschichte – noch einmal auf einen Gedankengang zurückkommen, der sich mir im Verlauf ihrer Ausarbeitung zunehmend aufgedrängt und mir seither keine Ruhe mehr gelassen hat. Nicht nur aus kulturhistorischem Interesse, sondern auch in der Überzeugung mit dieser Thematik befasst, dass es zu diesem Weg vom Mythos zum Logos europa- wie globalgeschichtlich keine Alternative gibt, erschien mir meine Antwort auf die Frage, ob Religion in welcher Gestalt auch immer mit der Annäherung an dieses Ziel irgendwann einmal ausgedient haben könnte, doch nicht so leicht zu bejahen, wie ich bisher gedacht hatte. Anregungen dazu gaben mir – wie konnte das anders sein – nicht zuletzt einige Freunde mit theologischem Studium und einer teils pastoralen, teils psychotherapeutischen Profession.

Ohne mich deswegen gezwungen zu sehen, meine Parteinahme für das Aufklärungsprojekt wie meine Skepsis gegenüber religiösen Überzeugungen schon grundlegend in Frage zu stellen, möchte ich meinen eigenen Bedenken wie den Anregungen von dieser Seite, die, wenn sie sich denn bekräftigen ließen, es selbst einem überzeugten Aufklärer wie mir verbieten würden, sich ohne jede Einschränkung auf die Seite der

Religionskritiker zu schlagen, im Folgenden noch etwas weiter nachgehen. Denn zieht man auch nur Alter, Verbreitung und Wirkung dieses besonderen Kulturphänomens in Betracht, verbietet ja schon die bloße Intuition, mehr als eine geistige Verwirrung darin nicht sehen zu können – wenn man Menschen nicht jeden Verstand absprechen will, müsste stattdessen ja wohl allein das schon sehr viel mehr zu der Frage Anlass geben, ob darin und dahinter nicht humantypische Bedürfnisse und Erfahrungen zu vermuten sein könnten, die selbst unter aufklärerischen Prämissen mit dem bloßen Verweis auf einen psychiatrischen Diagnose- und psychotherapischen Interventionsbedarf so einfach nicht abzutun wären.

Bestätigt wird diese Vermutung dabei nicht zuletzt auch dadurch, dass es von den ersten Anfängen philosophischer Klärungsversuche auf dem Weg vom Mythos zum Logos an nicht leicht gefallen ist, der naheliegenden Versuchung zu widerstehen, sich mit Rücksicht auf diese zum Angebot von Religionssurrogaten mit vergleichbaren Sinn- und Sicherheitsversprechen in der Gestalt von kosmologischen Spekulationen wie das platonische oder in der von psychologischen wie das cartesianische zu verstehen. Auf den gleichen anthropologischen Sachverhalt dürfte im übrigen, wenn auch in der pejorativen Gestalt von ideologischen Welterklärungen und Heilsversprechen bis zu den borniertesten Privatüberzeugungen, jede Art von geistiger Prothetik mit narzistischen Exklusivitätsansprüchen und totalitären Selbstbehauptungsbedürfnissen verweisen.

Um die erkenntnistheoretischen Vorannahmen meines Zugangs zur Religionsfrage vorab darzulegen, beginne ich im ersten Kapitel mit einer kurzen Darlegung meines kulturwissenschaftlichen Theorieansatzes mit seiner philosophischen Hintergrundpositionierung und den damit gewählten Erkenntnisprämissen und Untersuchungsperspektiven. Dem folgen in einem zweiten Kapitel Klarstellungen des von mir unter diesen Prämissen und mit diesen Perspektiven verwandten Religionsbegriffs sowie die Abbreviatur eines religionsgeschichtlichen Rückblicks mit dem Plädoyer für die Unterscheidung zwischen einer anthropologisch invariablen Religiosität und einem daran angelagerten Bestand von mythologischen Provisorien und daher mit einer erkenntnisleitenden Annahme, die es bei aller berechtigten Kritik an Erscheinungsformen des Religiösen in Vergangenheit und Gegenwart nicht mehr ganz so leicht macht, religiöse Überzeugungen und eine davon angeleitete Praxis in aufklärerischer Sicht als verfehlt anzusehen und daher zumindest für entbehrlich zu halten, wo nicht prinzipiell zu bestreiten und aktiv zu bekämpfen. Dies voraussetzend, ist Gegenstand des dritten und letzten Kapitels der Versuch, der eingangs von mir geäußerten Vermutung, mit einer Religionskritik das Kind doch nicht ganz so mit dem Bade ausschütten zu können, wie mir das gelegentlich untergekommen ist, noch etwas gezielter nachzugehen. Dabei scheint mir aussichtsreich und gewinnbringend, das Aufklärungsprojekt, statt es religiösen Überzeugungen in Geschichte und Gegenwart ausschließlich konfrontativ und kritisch entgegenzusetzen, auf dem Weg vom Mythos zum Logos mit diesen in einem wechselseitig produktiven Bedingungs- und Ergänzungsverhältnis verbunden zu sehen, das ebenso eine Gewähr dafür bieten kann, Ersteres vor ideologischen Anmaßungen zu bewahren wie Letzteren die Chance zu erhalten, sich in dessen Geist auch der eigenen Mission immer wieder neu vergewissern zu können – mithin, um dies in einer spezifisch abendländisch-christlichen Sichtweise auch so noch einmal auf den Punkt zu bringen – Christus gewiss nicht mehr ohne Voltaire, aber auch Voltaire noch immer nicht ganz ohne Christus.

1. Philosophische Hintergrundannahmen

Was immer nach bestandenem Abitur und zu Beginn des eigenen Studiums an existenziellem Interesse für Religion und Religiosiät mitgebracht werden konnte – wie anderswo, so bestand zehn Jahre nach Kriegsende auch an der Freiburger Universität noch immer die traditionelle Verpflichtung, sich nicht anders als in alten Zeiten vor und neben jeder weitergehenden fachlichen Spezialisierung auf ein Studium der Philosophie mit ebenso kognitiv fundierenden wie methodisch disziplinierenden Zielen einzulassen. Neben allfälligen Überblicken über die europäische Philosophiegeschichte mit ihren erkenntnisobjektivistischen, sprich auf eine metaphysische Einheit von kosmischem und individuellem Geist spekulierenden Anfängen in der Nachfolge Platons und deren erkenntnissubjektivistischer Überwindung von Descartes bis Kant knüpfte dieser Neuanfang vor allem an jene Alternativen und Kontroversen an, die schon für den einschlägigen Vorkriegsdiskurs bestimmend gewesen waren. Neben einer längst schon zur Routine gewordenen Idealismuskritik mit bevorzugter Wendung gegen Hegel sowie den ersten Anzeichen einer noch einmal mehr dagegen in

Stellung gebrachten Marxadaption bestand diese Reprise mit gleicher Abgrenzungsintention daher zum einen aus der Wiederanknüpfung an eine wissenschaftsphilosophische Traditionslinie mit Wurzeln im französichen Positivismus sowie aus entsprechenden Präzisierungen unter Bezugnahme auf einen so gelesenen Kant und daher mit der Präferenz für ein Wissenschaftsideal, das an einer naturwissenschaftlichen Erkenntnispraxis abgelesen blieb und dieser normativ verbindlichen Vorbildcharakter zu geben suchte. In Konkurrenz dazu und mit verbleibender Kritik an deren lebensverarmendem Reduktionismus wie hegemonialem Geltungsanspruch hatte daneben zum anderen eine existenzphilosophische Alternative mit Vorläufern von Schopenhauer und Kierkegaard bis zu Nietzsche weiter Bestand, mit der man sich damals in Freiburg auch auf dem Weg des Besuchs einer von Martin Heidegger selbst gehaltenen Vorlesung vertraut machen konnte und danach zumindest die Gelegenheit behielt, sich ihr in einer Adaption und Modifikation unter dessen unmittelbarem Einfluss durch Jean-Paul Sartre zu widmen.

Versucht man zu bilanzieren, was aus diesem philosophischen Neuanfang an den deutschen Universitäten und darüber hinaus bisher geworden ist, so ist das Fazit sicher nicht falsch, in jedem Fall sehr bald auch schon das für vergleichbare Länder übliche Diskursniveau wieder erreicht und damit vor dem gleichen Problem gestanden zu haben, bei einem solchen Verlust an integrierender wie limitierender philosophischer Mitte und einer derartig antagonistischen Alternativenbildung zwischen Wissenschafts- und Existenzphilosophie – die marxistische Variante, weil ihrer kryptoidealistischen Hintergrundbestimmung wie notorischen Nutzbarkeit für politische Agitation wegen für eine solche Funktion im Prinzip ungeeignet, sei hier daher nur noch am Rande erwähnt – wieder zu einer fundierungs- und legitimierungsfähigen Gemeinsamkeit zu kommen. Denn ohne diese konnte aus einer wissenschaftsphilosophischen Perspektive nach dem Vorbild der Naturwissenschaften wie die von Mach und Haeckel bis zu Albert und Popper gewählte eine auf das Leiden menschlicher Subjekte an ihrem Leben im Bedingungsfeld zwischen Weltkontingenzen und Kognitionsgrenzen sowie in der Konfrontation mit unausweichlich terminierten Überlebens- und Glücksperspektiven fokussierte nur als ein quasireligiöser Irrationalismus erscheinen. Ebenso lag bei Wahl der existenzphilosophischen Alternative – als ihren prominentesten Vertreter wird man heute wohl immer noch Peter Sloterdijk zu nennen haben – der Einwand nahe, eine von naturwissenschaftlichen Erkenntnisverfahren leistbare größere Objektgenauigkeit und Prognosesicherheit nur bei Reduktion von Komplexität und damit um den

Preis des Verzichts auf Lebensnähe und Lebensfülle, dies nicht zuletzt auch mit dem Risiko eines Mangels an glückverbürgenden Erfahrungsqualitäten und Handlungskompetenzen erwarten zu können.

Hinzu kam, dass eine zu eng physikbezogene und techniktaugliche Wissenschaftsphilosophie wie die hierbei zunächst vorzugsweise zum Standard gemachte zwar besonders konsistent gelingen und damit nicht nur intellektuell befriedigen, sondern auch praktisch von Nutzen sein konnte, selbst für theoretisch noch anspruchsvollere Naturwissenschaften wie die Biologie, Neurologie oder Psychologie zu rigoristisch war und mit ihrer Beförderung von szientistischen und technizistischen Illusionen mehr Schaden anrichten als Nutzen versprechen konnte. Während diese Dominanz in den damals ihren Aufschwung nehmenden Sozialwissenschaften zudem zu hilflosen Adaptionsversuchen und verworrenen Theorieverhältnissen führte, trieb sie vor allem in Deutschland die Geschichtswissenschaften zudem auch noch einmal in die Arme der Historisten und trug damit das Ihre dazu bei, ihren Gegenstand, statt ihm nützliche Informationen für eine gegenwärtige Praxis abzugewinnen, als ein Tableau für Kontemplationen über den Weltenlauf und das Menschenschicksal anzudienen. Für die Kulturwissenschaften mit ihrer Zuständigkeit nicht nur für die schöne Literatur, bildende Kunst, Musik und anderem mehr, sondern auch für die Philosophie selbst hatte das schließlich die Konsequenz, diesen mehr als den Charakter einer hermeneutischen Bemühung und damit, unter Inkaufnahme einer „Zwei-Kulturen-Lehre", neben den Wissenschaften im strengeren Sinne den einer solchen anderer Art und minderen Ranges nicht zubilligen zu können.

Auch was sich nach dem Krieg auf dem damals bereits erreichten Aufklärungsniveaus unter diesen Umständen über Religion und Religiosität rational begründbar sagen und damit kulturwissenschaftlich seriös ermitteln ließ, geriet nach der Abwendung von Hegels Geistmetaphysik und damit seinem Versuch einer systemgerechten Einbeziehung dieses Phänomens vollends unter die Räder einer philosophiegeschichtlichen Konstellation, die wegen eines prinzipiell abweisenden Wissenschaftsverständnisses auf der einen und eines atheistischen Konkurrenzangebots mit vergleichbarem Leidenspathos, aber keinen auch nur annähernd so anspruchsvollen Sinn- und Trostangeboten auf der anderen Seite für die wissenschaftliche Legitimation eines den Zugang dazu eröffnenden Hypothesensatzes nicht mehr in Frage kam. Ein Perspektivenwechsel mit der Option, sich der Religion als Gegenstand eines kulturwissenschaftlichen Interesses nähern zu können, ohne ihr im Lichte der altgewohnten Unterscheidung von Glauben und Wissen eine solche Objektivierbarkeit gut aufklärerisch von vornherein schon verweigern zu müssen, rückte daher erst in die Nähe des Möglichen, als in der intellektuellen Nachkriegsszene, ausgehend vom angelsächsischen Kulturraum, auch auf dem europäischen Kontinent ein erkenntnistheoretischer Ansatz allmählich Verbreitung und Beachtung fand, der nach einer ähnlich langen Vorgeschichte wie der philosophische Mainstream von Platon bis Kant und Hegel, wenn die längste Zeit auch ganz im Schatten der großen Schulen bleibend, mit einer Etikettierung als „Pragmatismus" oder besser noch „Neopragmatismus" erst um die Wende vom 19. zum 20. Jahrhundert seine Karriere als eine ernst zu nehmende, ja bald schon besonders vielversprechend erscheinende Alternative zu den etablierteren Konkurrenten begonnen hat. Beigetragen zu diesem Paradigmenwechsel hat neben einem Rückgriff auf Kants Transzendentalismus insbesondere auch der im angelsächsischen Raum verbreitete Empirismus der schottischen Schule mit ihren prominentesten Vertretern Locke und Hume. Neben Charles Sanders Peirce, dem sich auch die Schulbezeichnung verdankt, seien von deren ersten Pionieren nach ihm hier nur noch William James und John Dewey genannt, für den deutschen Sprachraum dazu ebenso vor allem auf Karl-Otto Apel verwiesen. Einen bedeutenden Anteil an diesem Wechsel, dies bezeichnenderweise zunächst auf dem Weg einer Beteiligung am Neomarxismus der Frankfurter Schule und dann auf dem einer weiterführenden Emanzipation von dieser hatte dabei Jürgen Habermas. Die mit nicht weniger Nachhaltigkeit ebenso breit gefächerte wie vielseitig erprobte Implementierung im deutschen Sprachraum verdankte sich dazu insbesondere noch Ernst Tugendhat und Franz von Kutschera sowie eine philosophisch-semiologische Grundlegung und Erprobung auf höchstem Niveau vor allem auch Umberto Eco.

Bei diesem dringend gebotenen Aufbruch zu neuen philosophischen Ufern ging es zum einen darum, von einer Erkenntnistheorie Abschied zu nehmen, die den Gewinn von praktisch nützlichem und verlässlichem Wissen bis dahin noch immer von einer Erfüllung theoretischer Vorbedingungen abhängig gesehen hatte, von denen gut idealistisch allein durch bloßes Denken, sei es im ersten Anlauf mit und seit Platon auf der Suche nach Spuren eines symbiotischen Einklangs des individuell erfahrbaren mit einem kosmisch gedachten Geist oder im zweiten von Descartes bis Kant mit der Frage nach erkenntnisbegründenden wie erkenntnisbegrenzenden Vernunftfunktionen und damit noch ohne unmittelbaren Bezug zur Erfahrung Kenntnis genommen werden konnte. Mit dem Neopragmatismus wurde es auf diesem Wege nun schließlich und endlich hoffähig, den Erkenntnisprozess stattdessen nur noch von einer Theoriebildung in der Form von Hypothesensätzen abhängig zu machen, die einen bereits erreichten Status quo praxisgeeigneten Wissens bis auf Weiteres zu repräsentieren imstande war und damit in die Lage versetzen konnte, diesen Erfahrungsraum nach Bedarf zu erweitern, ohne sich von anderen Vorentscheidungen als den nach gegebenem Kenntnisstand aus der Sache selbst sich ergebenden leiten lassen zu müssen.

Hinzu kam nun jedoch auch zum anderen noch – und verschaffte diesem alternativen Ansatz, empiristischer und utilitaristischer Verunreinigungen des idealistischen Erbes wegen als eine alles Bisherige in Frage stellende Innovation bis dahin noch immer nicht anerkannt, seinen eigentlich revolutionären Kick – der Übergang von der Idee einer die Theoriearbeit leitenden wie begrenzenden Vernunftrestriktion im Sinne Kants zu der ihrer Abhängigkeit von der Symbolisierungsfähigkeit sprachlicher und nichtsprachlicher Zeichen. Ginge es allein um die Umkehr des Theorie-Praxis-Verhältnisses, könnte man, so wie Kant seine Philosophie im Ganzen angelegt hatte, wohl auch diesen bis zu einem gewissen Grade schon einen Neopragmatisten avant la lettre nennen, und tatsächlich haben Peirce und andere sich neben der empiristischen Schule und linguistischen wie logizistischen Neuerungen ganz unabhängig davon auch auf ihn und seine

Nachwirkung auf dem Kontinent bezogen. Dahinter zurückgeblieben vor diesem war er wie früher schon Platon mit seiner spekulativen Ineinssetzung von kosmischer und humaner Vernunft durch eine nach wie vor apriorische Festlegung auf Vernunftfunktionen und Wahrheitskriterien mit dem Risiko, den Blick auf die Praxis eher zu verstellen als zu eröffnen.

Allein schon das neopragmatistische Grundaxiom, das philosophische Interesse an einer gesicherten Erkenntnis von theoretischen Grundlagen- auf praktische Anwendungsfragen zu verlagern und damit für eine dominante Nutzen- und Erfolgsperspektive zu öffnen, machte daher auch religiöse Orientierungsbestrebungen und Praxisempfehlungen schon zu einem kulturwissenschaftlich objektivierbaren Gegenstand mit der Aussicht auf einen empirisch verlässlichen Erkenntnisgewinn – die bis heute noch immer lesens- und schätzenswerte religionswissenschaftliche Abhandlung von William James mit ihrem utilitaristischen Religionsverständnis, einem der ersten bedeutenderen amerikanischen Neopragmatisten, ist dafür bereits ein überzeugender Beleg. Es wäre jedoch ein – freilich verbreitetes und noch dazu oft genug für einen Gültigkeitsbeweis von religionsbezogenen Behauptungssätzen in Anspruch genommenes – Missverständnis, sich zu deren Bewahrheitung allein mit dem Verweis auf ihre als nützlich erfahrbaren Wirkungen in der Anwendungspraxis zu begnügen. Denn selbst in diesem Fall bliebe das Desiderat einer rational begründbaren Zustimmungsfähigkeit der auf diese Weise angeleiteten Praxis.

Mehr noch als diese neopragmatistische Akzentverschiebung von subjektivistischen Theorievorgaben im Geiste von Descartes bis Kant zu einem ausschließlich effizienzbestimmten Empirismus eröffnete jedoch der damit aufs Engste in Verbindung stehende Übergang zu einer bloßen Sprachrestriktion im Sinne von Peirce und anderen, dies nicht nur mittels Gebrauch einer natürlichen Sprache, sondern daneben auch unter Zuhilfenahme von metasprachlichen Konstrukten und mathematischen Präzisierungen sowie mit der Eröffnung von Komplettierungen durch nichtsprachliche Zeichen der verschiedensten Art und Wirkung die Möglichkeit eines wissenschaftlichen Zugangs zu Sachverhalten der Religion und Religiosität. Denn mit dieser semiologischen Spezifizierung wurde der Weg dazu endgültig frei, religiöse Überzeugungen und Verhaltensweisen nicht anders als physikalische, weil gleichermaßen sprachabhängig, in einem erkenntnispluralistischen Sprachspielspektrum mit Differenzierungen im Spannungsfeld zwischen extrem zutreffenden und verlässlichen Behauptungen über Weltverhältnisse um den Preis einer abundanzreduzierten Spezifizierung und einer informationsreicheren Auskunft unter Inkaufnahme von mehr oder weniger großer, wenn oft genug auch unbedenklicher Wahrheitsqualität und Prognosesicherheit als ebenso wissenschaftlich erschließbar anzusehen – viele der wirklich interessierenden Lebensfragen sind bekanntlich ohnedies allenfalls annäherungsweise zu klären (und brauchen oft genug auch allein schon mit dem Blick auf die Kosten weiterer Klärungsversuche nicht mehr davon). Ebenso kann dem rationalen Begründungsimperativ in diesem Spektrum, wenn nicht schon durch technischen Erfolg oder experimentelle Prüfung, so doch zumindest auf dem Wege eines bis auf weiteres einvernehmlich hergestellten Konsenses oder einer Auskunft im Vertrauen auf bewährte Intuitionen einer besonders erfahrenen Person Genüge getan werden. Aus diesem Grund ist daher auch nicht einzusehen, warum mit der Religion ausgerechnet eines der bisher wirkmächtigsten Bemühungen um praktisch wünschenswerte wie hypothetisch erfolgversprechende Einsichten schon von vornherein aus einem derart als wissenschaftlich qualifizierbaren Diskurs ausgeschlossen werden sollte.

Anzumerken ist dazu vielleicht noch, dass die mit dieser Wende in die Reichweite des Möglichen gerückte Liberalisierung der Wahrheits- und Verlässlichkeitsanforderungen, auf die nicht zuletzt zugunsten von religiösen Äußerungen Bezug genommen werden kann, in der gleichen Zeit auch von wissenschaftsphilosophischer Seite für weiterführend gehalten werden konnte – Paul Feyerabend ging mit seinem anything goes noch in der 1983 erschienenen deutschen Fassung von *Against Method* aus dem Jahr 1971, wenn von Popper und anderen wissenschaftsphilosophischen Rigoristen inzwischen freilich nicht ganz zu Unrecht als etwas zu liberal kritisiert, doch wohl auch noch in einem anderen als neopragmatistisch-semiologischen Kontext in die gleiche Richtung.

Dieser Modifikation der Erkenntnisfrage durch eine Akzentverschiebung von der Theorie zur Praxis und von der Vernunft zur Sprache verdankte es sich mithin, dass religiöse Überzeugungen und mythologische Äußerungen sowie davon motivierte Verhaltensweisen auch in aufklärerischer Perspektive nicht wie unter erklärten Atheisten üblich per se schon als wissenschaftlich intangibel, wo nicht sogar als ein Fall für die Psychiatrie angesehen werden müssen. Das soweit akzeptiert, bleibt hierbei freilich als eine Komplikation mit in diesem Zusammenhang argumentativ nicht leicht einbeziehbarer Spezifikation immer noch die, was von den religionstypischen Sprachregelungen zu halten ist, die Transzendenzverhältnisse und Handlungsimperative ohne jede plausibilisierbare Bekräftung durch kollektive oder individuelle Zustimmung, geschweige denn eine experimentell bestätigte

Gegebenheit und Verlässlichkeit glaubhaft zu machen suchen.

Auf diesem Wege einer neopragmatistisch-semiologischen Umakzentuierung des philosophischen Diskurses war es bekanntlich Ludwig Wittgenstein, der sich am Ende seiner 1918 bereits abgeschlossenen und wenig später auch im Druck erschienenen Abhandlung unter dem Titel *Tractatus logico-philosophicus* und damit nach einer obsessiven Prüfung der kognitiven Leistungsfähigkeit des natürlichen Sprachgebrauchs mit seiner ebenso brillianten wie kryptischen Empfehlung – *wovon man nicht sprechen kann, darüber muss man schweigen* (Wittgenstein, Tractatus 6.54, 7, Werkausgabe Bd. 1, S. 85) – dazu veranlasst sah, spätestens vor diesem letzten Schritt auf dem Wege zu einem wissenschaftlich begründeten Religionsverständnis das Handtuch zu werfen. Dass an dieser schroffen Distanzierung, vergleichbar der erkenntnisnihilistischen Selbstbeschränkung im europäischen Christentum wie in anderen Religionen mit ähnlich überzeugendem spirituellen Potenzial etwas sachlich Berechtigtes ist, kann dabei kein Zweifel sein und ist hilfreich genug, um sich in Sachen der Gotteserkenntnis nicht immer wieder in die Tasche zu lügen – Wittgenstein selbst hat mit dem Übergang zu seiner Sprachspieltheorie eine Abschwächung dieses Rigorismus versucht, ohne zu einem ihn wirklich befriedigenden Ergebnis zu kommen. Grund dafür dürfte gewesen sein, dass er sich in diesem Zusammenhang bis zuletzt noch nicht dazu verstehen konnte, die besondere Wahrheitsfähigkeit von sprachlichen Äußerungen oder nichtsprachlichen Zeichen mit einer metaphorischen Ausdrucksabsicht wie die eines literarischen, pikturalen oder musikalischen Kunstwerks hilfsweise und eigenwertig in Betracht zu ziehen.

Literatur

Apel, K.-O.: *Der Denkweg von Charles S. Peirce. Eine Einführung in den amerikanischen Pragmatismus*, Frankfurt a. M. 1975.

Ders.: *Transformation der Philosophie*, 2 Bde., Frankfurt a. M. 1976.

Blumenberg, H.: *Ästhetische und metaphorologische Schriften,* Auswahl und Nachwort von A. Haverkamp, Frankfurt a. M. 2001.

Dewey, J.: *The Need for a Recovery of Philosophy*, in: *The Philosophy of John Dewey*, ed. with an Instruction and Commentary by J.J. Dermott, 2 vol., New York 1973, Bd.1, S. 58-98.

Die Renaissance des Pragmatismus. Aktuelle Verflechtungen zwischen analytischer und kontinentaler Philosophie, hg. v. M. Sandbothe, übers. v. J. Schulte, Weilerswist 2000.

Eco, U.: *Semiotik und Philosophie der Sprache*, übers. v. Chr. Trabant-Rommel u. J. Trabant, München 1985.

Feyerabend, P.: *Wider den Methodenzwang*, übers. v. H. Vetter, Frankfurt a. M. 1986.

Ders.: *Irrwege der Vernunft*, aus dem Amerikanischen von J. Blasius, Frankfurt a. M. 1989.

Frank, M.: *Das Sagbare und das Unsagbare. Studien zur neuesten französischen Hermeneutik und Texttheorie*, Frankfurt a. M. 1980.

Habermas, J.: *Theorie des kommunikativen Handelns*, 2 Bde., Frankfurt a.M. 1981.

Ders.: *Philosophie und Wissenschaft als Literatur?*, in: ders.: *Nachmetaphysisches Denken. Philosophische Aufsätze,* Frankfurt a.M. 1988, S. 242-263.

Ders.: *Der philosophische Diskurs der Moderne. Zwölf Vorlesungen*, Frakfurt a.M. 1988.

James, W.: *Das philosophische Universum. Vorlesungen über die gegenwärtige Lage der Philosophie*, übers. v. J. Goldstein, mit einer Einführung hg, v. U. Wilkesmann, Darmstadt 1994 (reprographischer Nachdruck der Ausg. v. 1914).

Ders.: *Die Vielfalt religiöser Erfahrung. Eine Studie über die menschliche Natur*, übers. u. eingel. v. Eilert Herms u. Christian Stahlhut, mit einem Vorwort v. Peter Sloterdijk, Frankfurt a. M. u. Leipzig 1997.

Ders.: *Pragmatismus und radikaler Empirismus*, hrsg., übers. u. mit einem Nachwort v. Claus Langbehn, Frankfurt a. M. 2006.

Morris, C. H. W.: *Pragmatistische Semiotik und Handlungstheorie*, mit einer Einleitung v. A. Eschenbach, Frankfurt a. M. 1977.

Peirce, C. S. : *Schriften zum Pragmatismus und Pragmatizismus*, hg. v. K.- O. Apel, übers. v. G. Wartenburg, Frankfurt a. M. 1991.

Savigny, E. von: *Die Philosophie der normalen Sprache. Eine kritische Einführung in die „ordinary language philosophy"*, 1. Aufl., Frankfurt a. M. 1993.

Tugendhat, E.: *Vorlesungen zur Einführung in die sprachanalytische Philosophie*, 5. Aufl., Frankfurt a. M. 1990.

Ders.: *Philosophische Aufsätze*, 1. Aufl., Frankfurt a.M. 1992.

Ders.: *Anthropologie statt Metaphysik*, München 2007.

Wittgenstein, L.: *Tractatus logico-philosophicus. Tagebücher. Philosophische Untersuchungen*, Werkausgabe Bd. 1, 5. Aufl., Frankfurt a. M. 1989.

Ders.: *Über Gewissheit*, Werkausgabe Bd. 8, 1. Aufl., Frankfurt a. M. 1984.

Wright, G. H. von: *Erkenntnis als Lebensform. Zeitgenössische Wanderungen eines philosophischen Logikers*. Aus dem Englischen übersetzt von Joachim Schulte, Wien, Köln, Weimar 1995.

2. Religionsbegriff und religionsgeschichtliche Entwicklung

Was bleibt mithin nach dem bisher Gesagten, das von der Religion unter den hier gewählten Prämissen empirisch dingfest genug gemacht werden kann, um trotz aller damit verbundenen Ungreifbarkeiten und Unwägbarkeiten auch praktisch nutzbringend erscheinen zu können und damit eine derart qualifizierte und legitimierte Vergewisserung lohnend genug zu machen – zum Beispiel mit Blick auf das abendländische Christentum gewiss kein Gottesbeweis, keine belastbare Bewahrheitung einer unbefleckten Empfängnis und der Gottessohnschaft eines Erlösers von allen Sünden und schon gar nicht eine kirchliche Ermächtigung zur Wahrnehmung eines sakral begründeten Monopols auf explikative Dogmenbildung und kurative Sakramentsverwaltung, von einer prieterlichen Vorgabe und Absegnung moralischer Verpflichtungen gar nicht erst zu reden. *Wovon man nicht sprechen kann*, so war doch eben auch noch zu lesen, *darüber muss man schweigen*!

Etwas über Religion sagen, was nicht unter das Wittgensteinsche Schweigegebot fällt, lässt sich immerhin jedoch über identifizier- und objektivierbare Gründe für ihre Entstehung als unvermeindlicher Preis für das evolutionsbiologische Schicksal der sapiens-Hominiden, sich mit ihrer weitgehenden Freisetzung von genetisch fixierten Verhaltensprogrammen zugleich auch verunsicherndsten und beängstigendsten Kontingenz- und Insuffizienzerfahrungen ausgesetzt zu sehen und dem zumindest in letzter Instanz etwas anderes als eine religiöse Praxis nach Maßgabe und in der Reichweite ihrer kreativen Imaginationsfähigkeit und kulturellen Gestaltungskompetenz (im Folgenden „Religion 1") entgegensetzen zu können. Mit diesem primärreligiösen Sachverhalt und Anliegen verband sich dabei verständlicherweise von Anfang an zudem noch die Neigung, sich auch in weiteren fraglichen Lebens- und Alltagsfragen darauf zu beziehen und so lange mit mythischen Sprachregelungen und kultischen Handlungen („Religion" 2) zufrieden zu geben, bis rational begründungsfähigere und damit praktisch erfolgversprechendere zur Verfügung standen.

Man muss sich mit Blick auf Entstehung und Entwicklung der christlichen Religion deren anthropologisch-existenzieller Hintergrundproblematik in diesem primärreligiösen Sinn nicht erst auf dem Umweg über eine Befassung mit dafür transparenter erscheinenden Varianten wie der buddhistischen oder taoistischen zu vergewissern suchen. Es genügt, sich ihr auf dem

Weg über eine Beschäftigung mit dem altjüdischen Traditionsgut mit seinem ganzen Reichtum an Verweisen auf authentische Religiosität zu öffnen, dem bekanntlich auch im christlichen Gründungsmythos und Sendungspathos noch immer ein maßgeblicher Anteil erhalten geblieben ist. Ebenso kann man dieser humantypischen Grunderfahrung trotz aller anhaltenden Verleugnungs- und hilflosen Übermalungsversuche von Anfang an als ein tragendes Ursprungsmotiv hinter allen christlichen Neuerungen selbst noch auf die Spur kommen, wenn man nur weiß und zulässt, worum es dabei zu gehen hat und wonach infolgedessen zu fragen und zu suchen ist.

Darüber hinaus aufschlussreich bleibt in diesem Zusammenhang daneben zudem nicht zuletzt, dessen verbleibenden Spuren in den existenzphilosophischen Rettungsversuchen dieses Motivs Beachtung zu schenken, so neuerdings noch dem von Martin Heideggers unter denotativ weitgespannter und emphatisch aufgeladener Verwendung des Ausdrucks „Angst" in *Sein und Zeit*. Auch auf Peter Sloterdijks literarisch überaus gekonnt verlarvtes Leiden an dieser Welt im Spannungsfeld zwischen zynischer Abwehr, seriöser Gelehrsamkeit und dem ganzen Charme einer beste intellektuelle Unterhaltung anbietenden Eulenspiegelei wäre hier zu verweisen. Zu einer Bekräftigung dieser Perspektive ließe sich, immer vorausgesetzt, man hält es nach wie vor für gut vertretbar, sich einen Zugang dazu nicht nur mit dem engeren verhaltspsychologischen Hypothesensatz von Skinner und Anderen, sondern auch noch mit dem tiefenpsychologisch weitergehenderen in der Nachfolge Sigmund Freuds zu eröffnen, zudem ein wissenschaftlich spezifizier- und qualifizierbareres Argument geltend machen, so wie von diesem selbst vorgetragen und erörtert vor allem in seinen beiden Schriften unter den Titeln *Die Zukunft einer Illusion* von 1927 und *Das Unbehagen in der Kultur* von 1929/30 sowie in Letzterer besonders akzentuiert mit einer resignierten Altersbilanzierung seiner analytischen wie therapeutischen Erfahrungen wie die in dem Satz: *Das Leben, wie es uns auferlegt ist, ist zu schwer für uns, es bringt uns zu viel Schmerzen, Enttäuschungen, unlösbare Aufgaben. Um es zu ertragen, können wir Linderungsmittel nicht entbehren ... Solcher Mittel gibt es vielleicht dreierlei: mächtige Ablenkungen, die uns unser Elend geringschätzen lassen, Ersatzbefriedigungen, die es verringern, Rauschstoffe, die uns für dasselbe unempfindlich machen. Irgend etwas dieser Art ist unerlässlich ... solch eine Ablenkung ist auch die wissenschaftliche Tätigkeit. Die Ersatzbefriedigungen, wie die Kunst sie bietet, sind gegen die Realität Illusionen, darum nicht minder psychisch wirksam dank der Rolle, die die Phantasie im Seelenleben behauptet hat ... Es ist nicht einfach, die Stellung der Religion innerhalb dieser Reihe anzugeben...*(Sigmund Freud: *Das Unbehagen in der* Kultur, Werkausgabe in zwei Bänden Bd. 2, hrsg. von Anna Freud und Ilse Grubrich-Simitis , Frankfurt a. M. 1978, S. 375). Nach all dem könnte infolgedessen wohl auch schon naheliegen, Wittgensteins Sprachverbot bei Behauptungssätzen ohne rationale Begründungsfähigkeit zwar nach wie vor gelten zu lassen, sich jedoch nicht unbedingt verpflichtet zu sehen, sich damit auch der Möglichkeit einer Thematisierung und Kommunikation von in diesem engeren Sinne per se Unsagbaren im Medium der Literatur und mit Mitteln der Metaphorik, wo nicht in pikturaler, skulpturaler und architektonischer sowie nicht zuletzt musikalischer Zeichengestalt ganz zu berauben.

Wenn man sich vor Augen hält, welchem Ausmaß an existenzieller Verunsicherung und Bedrohung Menschen mit diesem Natur und Evolution gedankten Anpassungsdefizit lebenslang zu begegnen haben, dies nicht zuletzt zudem auch noch mit dem Blick auf die Kürze der ihnen zugemessenen Lebensspanne zwischen einer ungefragt angedienten Geburt und einem sicher erwartbaren Tod sowie dem Risiko, bis dahin schon am eigenen Leben mit dessen Entwicklungs- und Lernimperativen an der Unberechenbarkeit der Weltverhältnisse wie der eigenen Unwissenheit und Ohnmacht selbst zu scheitern, kann daher der große Aufwand nicht überraschen, mit dem sie sich in dieser bedrängenden Lage auf der Suche nach Erklärungen wie Tröstungen und Ermutigungen offenbar von Anfang an, statt allein dem eigenen Verstand zu vertrauen, wenn es denn sein musste und anderes nicht zu haben war, mit den märchenhaftesten, wo nicht abgründigsten Mythen zufrieden gegeben und im Zweifelsfall selbstermächtigten Schamanen oder glaubensgewissen Propheten mehr Vertrauen geschenkt zu haben als lebenserfahrenen Experten. Ebenso lässt sich verstehen, warum sie dabei in der Regel nicht nur zu den größten intellektuellen Anstrengungen und materiellen Opfern bereit waren, sondern, hatten sie sich einmal auf die eine oder andere Religionsvariante festgelegt, auch dazu neigten, diese, um ihren Sinn- und Verlässigkeitsbedürfnissen zu genügen und eine Verunsicherung durch andere Überzeugungen oder eigene Zweifel zu vermeiden, mit Exklusivitätsansprüchen aufzuladen sowie in ein dogmatisches Prokrustesbett zu zwingen, was einem toleranten Umgang mit konkurrierenden Angeboten oder irritierenden Abweichungen von der eigenen reinen Lehre und bewährten Praxis im Wege stehen musste – wo es derart um so viel, wo nicht um Alles oder Nichts geht, hört insbesondere, wenn Religion 1 dabei im Spiel ist, der Spaß nun einmal auf.

Bleibt man zunächst bei diesem besonders prekären anthropologischen Grundsachverhalt, so begegnet man religionsgeschichtlich infolgedessen auf die eine oder andere Weise so gut wie immer einer Bezugnahme auf diese conditio humana in einem Leben zwischen Himmel und Erde wie zwischen Geburt und Tod, ebenso autoritativ bewahrheiteten Phantasmen in sprachlicher oder nichtsprachlicher Gestalt mit Auskünften über dieses fatale menschliche In-der-Welt-sein, seine mutmaßlichen Ursachen und die Mittel, die versprechen konnten, dessen Beeinträchtigungen von Leben und Glück zumindest tragbar zu machen, wo ihnen nicht, wenn schon nicht in einem verwandelten Diesseits, so doch zumindest in einem erhofften Jenseits ganz zu entgehen. Dazu kommen Erklärungsversuche, die sich dadurch auszeichnen, diese Inkongruenz von Welt und Mensch je nach prophetischer Eingebung und metaphorischer Ausgestaltung in der Form von mythischen Erzählungen mit mehr oder weniger großen Ensembles von göttlichen Mächten sowie einer Vielzahl von wunderbaren Episoden verständlich zu machen. Ebenso ist üblicher Standard, den von ihrem evolutionären Schicksal geplagten Menschen, ob regressiv in der Form von beheimatenden Mutterschößen und beschützenden Vaterarmen oder eschatologisch mit der Aussicht auf ein im Diesseits oder Jenseits erwartbares Paradies, zumindest Geborgenheit in

Raum und Zeit, wo nicht eine alles heilende Verschmelzung mit dem Ganzen, dies zudem nicht selten auch mit hochgradig erotischen Konnotationen, in Aussicht zu stellen: *Noli amator sancte, noli desiderantem te videre despicere: noli te diu abscondere; sed da veniam inquirenti et cito revertere: quia sine te non possum durare nec vivere* – *Verschmähe, heiliger Liebhaber, verschmähe nicht den, der sich sehnt, dich zu sehen, verbirg dich nicht lange, sondern vergib dem, der dich sucht, und kehre recht bald zurück; denn ohne dich kann ich nicht bestehen und leben* (Thomas a Kempis, *De elevatione mentis* 3, 8 ff., in der Edition und Übersetzung von F. Eichler, S. 532 ff.). Dasselbe gilt, zumal wenn das therapeutische Angebot sich mit moralischen Disziplinierungsabsichten paart, für den eindringlichen Verweis auf einen Eigenanteil an dieser Misere sowie Empfehlungen, wie dem am erfolgversprechendsten abzuhelfen sein könnte – so im abendländischen Christentum mit seinen spätjüdischen Wurzeln und paulinischen Sprachregelungen bekanntlich durch aufrichtige Reue und eine Buße für die eigenen Sünden, unter dem Einfluss einer esoterischer gestimmten Adaptionsvariante wie früh schon die johanneische und von da an bis heute auch nur durch Einsicht in die eigene geistige Verwirrung und die Bereitschaft, sich durch Erleuchtungen eines Besseren belehren zu lassen, hier wie anderswo zudem mit der Auflage, sich den jeweiligen Heilsversprechen, um sich der damit in Aussicht gestellten Hilfe sicher sein zu können, in jedem Fall sola fide Vertrauen entgegenbringen zu müssen.

Neben den sprachlich zum Ausdruck gebrachten Glaubensüberzeugungen und ihren nichtsprachlichen Äquivalenten, so neben pikturalen und skulpturalen insbesondere auch die musikalischen gehört zu diesem primärreligiösen Phänomen- und Funktionsbestand auch die ebenso verbreitete Neigung, sich durch eine Sakralisierung von Plätzen und Bauten sowie die Einrichtung von Kulten und eine Befolgung von Riten, dies nicht zuletzt in Verbindung mit der Entwicklung von Psychotechniken mit Besinnungs-, wo nicht Entrückungseffekten Bereiche und Zustände in der Absicht zu schaffen, einen zeitweisen Übergang von der bedrängenden Alltäglichkeit des Lebens in Sphären imaginativ beschworener Jenseitigkeit und Heiligkeit zu ermöglichen und damit die Wirkung der sprachlichen wie nichtsprachlichen Ausdrucksformen noch zu verstärken. Auch die nicht selten beobachtete Bereitschaft, sich durch Alkohol oder andere Drogen in einen ekstatischen Zustand zu versetzen, hat in diesem Zusammenhang ihren Platz. Lange Zeit waren zudem neben beschwörenden Formeln und devoten Gesten auch Opferhandlungen Teil einer solchen Inszenierung mit dem Ziel, auf vermeintlich wirkmächtige unpersönliche oder personalisierte Adressaten in der Erwartung Einfluss zu nehmen, eigene praktische Ziele, seien es eigentlich religiöse oder damit in Verbindung gebrachte säkulare, mit größerer Erfolgsgewissheit tatsächlich auch zu erreichen.

Natürlich kann man sich auch zu einer solchen religiösen Imagination und Praxis, an deren hilfreicher Wirkung bei aller aufgeklärten Skepsis und ohne jede Illusion über sichere Erfolgsaussichten im Einzelfall doch wohl kein Zweifel sein kann, noch immer einen rational begründbaren und erfolgversprechenden Zugang zu verschaffen suchen, so psychologisch als ein Zusammenspiel von heterosuggestiv erreichter Vereinnahmung und autosuggestiv übernommener Verstärkung oder, bei auffällig, wo nicht selbst- oder fremdschädigend gewordenen Anomalien psychopathologisch als religiösen Wahn. Eine Beschränkung auf derart begrenzte Hypothesensätze und Diagnoseerträge würde die gemeinte Sache dabei gewiss auch nicht völlig verfehlen. Begnügte man sich mit diesem reduktionistischen Verfahren, ginge von der existenziellen Dimension und Spezifik primärreligiöser Erfahrungen und Verhaltensweisen jedoch nicht weniger verloren als bei seiner Anwendung auf eine große Liebe mit ihrem alles verwandelnden Zauber, so wie in der Antike schon besungen von der unvergleichlichen Sappho, später noch einmal von Catull und den römischen Elegikern, in nachantiker

Zeit von der provenzalischen Comtessa de Dia oder Walther von der Vogelweide, dann von der großen Liebenden Louise Labé, von Petrarca und den europäischen Petrarkisten von den Dichtern der Plejade bis zu Opitz und Fleming, natürlich auch von Goethe und Heine sowie jüngst noch einmal auf das Eindringlichste von Erich Fried. Ebenso ist nicht einzusehen, warum man der Metaphorik von religiösen Texten nicht anders als der von anderen literarischen Äußerungen nicht immer noch etwas von Interesse abgewinnen und durch die Begegnung mit dem gleichen Zweck dienenden piktoralen, skulpturalen und architekturalen sowie nicht zuletzt musikalischen Ausdrucksformen, dies womöglich auch noch kultisch aufgeladen und paränetisch akzentuiert, darin bestärkt werden kann, sich zumindest im Grundsatz und für die nächste Zeit wieder einmal auf dem richtigen Weg zu wissen.

Als sich gegen Ende des Siècle de Lumière erwiesen zu haben schien, dass die europäischen Aufklärungsphilosophen von Platon bis Kant und Hegel der kosmischen Verlorenheit und kognitiven Hilflosigkeit der Menschen ersatzweise für diesen religiösen Support weder mit einer objektivistischen Metaphysik noch mit einem subjektivistischen Kritizismus oder Totalitarismus zufriedenstellend abzuhelfen vermochten, blieb daher mit dem Blick auf diese Tiefendimension des menschlichen Lebens, wenn eine reuige Rückkehr in den Schoß der alten Kirchen nicht mehr in Frage kam, nur noch die existenzphilosophische Kapitulation und damit ein mehr oder weniger heroischer Verzicht auf jede religiöse Milderung des eigenen Geschicks. So verweigerte Schopenhauer, unter dem Elend des Geborenseins wie Sterbenmüssens sowie allen dazwischen noch zusätzlich erwartbaren Bedrängnissen ebenso leidend wie unter der idealistischen Beschönigung und dialektischen Verharmlosung dieses menschlichen Schicksals durch Hegel, sich von nun an jedem religiösen oder auch nur philosophischen Trost- und Heilsversprechen. Nicht anders glaubte auch Kierkegaard keine andere Wahl mehr zu haben, dies allerdings, statt wie jener das urmenschliche Missgeschick nur noch fatalistisch und misanthrop zu beklagen, immer noch in einem an die christliche Tradition angelehnten Modus der Selbstanklage, mit Angst vor dem eigenen Versagen und in einer abgrundtiefen Verzweiflung über die Aussichtslosigkeit, aus dem Stand einer vermeintlich zutiefst eingefleischten eigenen Sündhaftigkeit je noch einmal herauskommen zu können.

Anders und gewissermaßen in Umkehr der Beweislast nahm nicht viel später Nietzsche diesen Faden bekanntlich noch einmal auf und sagte, wie nur so zu verstehen in einer ebenso hochgradig euphorisch verlarvten wie beklemmend durchsichtig exponierten Depressivität dem Christentum und seinem Gott wegen Lebensfeindlichkeit, dessen Priestern aus Gründen ihrer Machtgier und Charakterschwäche und seinen Gläubigen mit dem Vorwurf der Dummheit und Unterwürfigkeit den Kampf an. Schließlich knüpften in jüngerer Zeit Heidegger und Sloterdijk noch einmal an diese existenzphilosophische Tradition und mit ihr an den Versuch an, dem substanziellen Anliegen jeder religiösen Praxis im Sinn von Religion 1 auch im inzwischen bereits fortgeschrittenen Säkularismus der Moderne noch immer einigen Raum zu erhalten, ohne sich dazu noch im Schoß einer allein seligmachenden Kirche befinden oder dahin zurückkehren zu müssen. Ersterer ließ dies, darin Kierkegaard folgend, in *Sein und Zeit* von 1927 mit seinem Bekenntnis zur Angst als einer alle Schrecken der conditio humana auf den Punkt bringenden Erfahrung und damit zu einer humantypischen Urbedürftigkeit nach Gewissheit und Geborgenheit erkennen, das dabei freilich noch ohne alle kritischen Vorbehalte und Einschränkungen, die geeignet gewesen wären, ihn wenig später schon vor dem katastrophalen Fehltritt zu bewahren, eine derartige Erlösung von diesem Übel ausgerechnet vom Anschluss an eine faschistische Bewegung zu erwarten. Bei Letzterem bleibt nach seinem *Nachgott* von 2017 hingegen immer noch nicht ganz klar, wohin es mit dem allgemeinen Elend und dem ewigen Versprechen auf Abhilfe oder zumindest einem hilfreichen und noch dazu wohltuenden Selbstbetrug weiterhin noch gehen könnte – aber ist ihm nicht schon hoch genug anzurechnen, sich mit seiner Lektüre dem Schweigegebot Wittgensteins immer wieder einmal mit größtem intellektuellen Vergnügen entziehen zu können? Als Alternative bei ebenso viel Lesegewinn, wenn auch nicht ganz so großem Lesegenuss bliebe dann allenfalls noch, sich wieder einmal eine von Ernst Blochs Abgleichungen von Religion, Philosophie, Wissenschaft und Literatur vorzunehmen.

Man kann sich auch von dieser existenzphilosophischen Rosskur gewiss immer noch darin bestätigen lassen, es als Mensch dank des von der Evolution auferlegten Loses notorisch nun einmal nicht eben leicht haben zu können. Der Verzicht auf ein religiöses Antidot, obwohl ein schon seit langem als erprobt und bewährt empfohlenes Remedium, machte, wie Schopenhauer sich selbst alsbald eingestehen musste, freilich auch nicht gerade fröhlich : *Aus der Nacht der Bewusstlosigkeit zum Leben erwacht findet der Wille sich als Individuum, in einer end- und gränzenlosen Welt, unter zahllosen Individuen, alle strebend, leidend, irrend; und wie durch einen langen Traum eilt er zurück zur alten Bewußtlosigkeit. – Bis dahin jedoch sind seine Wünsche gränzenlos, seine Ansprüche unerschöpflich, und jeder befriedigte Wunsch gebiert einen neuen. Keine auf der Welt mögliche Befriedigung könnte hinreichen, sein Verlangen zu stillen, seinem Begehren ein endliches Ziel zu setzen und den bodenlosen Abgrund seines Herzens auszufüllen. Daneben nun betrachte man, was dem Menschen, an Befriedigungen jeder Art, in der Regel, wird; es ist meistens nicht mehr, als die, mit unablässiger Mühe und steter Sorge, im Kampf mit der Noth, täglich errungene, kärgliche Erhaltung dieses Daseyns selbst, den Tod im Prospekt* (Die Welt als Wille und Vorstellung II, 2. Bd., 2. Teilbd, Zürich 1977, 4. Buch, Kap. 46, S. 670).

Geht man von einem Religionsbegriff wie dem hier vorgeschlagenen zur religionsgeschichtlichen Entwicklung im Ganzen über, ist demgemäß anzunehmen, dass mit der Anthropogenese in frühester Zeit auch diese anthropologisch-existenzielle Unsicherheit und Hilflosigkeit bereits als eine Last empfunden worden ist und zu entsprechenden Abwehrreaktionen Anlass gegeben hat. Ebenso wahrscheinlich ist jedoch, dass die damaligen Lebensumstände lange Zeit noch immer technische und soziale Erfolgserfahrungen sowie eine eher lebensbejahende Grundeinstellung vermitteln konnten, die unmittelbar bestärkend genug waren, um dieser Irritation allein damit schon etwas von ihrer Schärfe zu nehmen – man kann sich nicht vorstellen, wie es den sapiens-Hominiden ohne ein solches lebensweltlich erfahrungsgesättigtes Welt- und Selbstvertrauen sonst noch gelungen sein könnte, ihre Spezies zu erhalten. In dem Maße, wie sie sich veranlasst sehen mussten, über diese paradiesischen Verhältnisse hinauszugehen und damit für sich neue natürliche, soziale und kulturelle Welten zu erschließen, denen mit persönlicher Erfahrung so nicht mehr beizukommen war, umso mehr mussten sich ihnen damit jedoch auch die Schattenseiten ihres evolutionären Schicksals bereits bemerkbar gemacht haben und so eine zusätzlich kompensierende Reaktion in der Form von Religion 1 für sie lebenswichtig geworden sein. Ebenso wurde es, solange und soweit Alternativen dazu noch nicht zu haben waren, für sie unvermeidlich, ersatzweise auf Religion 2 zu setzen und mit einer Erweiterung ihres mythologischen Erklärungsrepertoires zur wachsenden Vielfalt und Farbigkeit der Religionsgeschichte das Ihre beizutragen.

Um diesen Entwicklungsprozess auf dem Weg zu einer zunehmenden Potenzierung der „selbstverschuldeten Unmündigkeit" in dem von Kant gemeinten Sinn wie auch auf dem einer schrittweisen Emanzipation von ihr im Namen der Aufklärung hier wenigstens in seinen gröbsten Linien und wichtigsten Etappen skizzieren zu können, sei im Folgenden von Vorschlägen Gebrauch gemacht, die wie üblich E. B. Taylors epochemachender Abhandlung *Primitive Culture* mit dem vielversprechenden Untertitel *Researches into the Development of Mythology, Philosophy, Religion, Art, and Custom* von 1871 zu entnehmen sind sowie für alles Weitere insbesondere noch auf Mircea Eliades mehrbändige *Histoire des croyances et des idées religieuses* von 1976/7 (in der deutschen Übersetzung von Elisabeth Darlap u. a. sowie in zweiter Auflage 1994) verwiesen. Für die frühesten und daher besonders schwer erschließbaren Anfänge und einfachsten Entwicklungsstufen lässt sich darüber hinaus zum Beispiel auch noch Radins *Religiöse Erfahrung der Naturvölker* von 1951 oder Jensens *Mythos und Kult bei den Naturvölkern* von 1952 hinzuziehen. Eine zusätzliche Benutzung von instruktiven Überblicken über den Forschungsstand wie der von Karlheinz Ohlig unter dem Titel *Religion in der Geschichte der Menschheit. Die Entwicklung des religiösen Bewusstseins* von 2oo2 versteht sich dabei von selbst.

Danach kann man nach seriös kaum noch erhellbaren archaischen Anfängen mit einem dann immerhin schon erkennbaren konturierten Schritt zunächst von einer Naturvölkerstufe mit frühesten zivilisatorischen Fortschritten, nun aber auch schon ersten primär- wie sekundärreligiösen Reaktionen in der Gestalt von einer bis zu symbiotischer Verbundenheit gesteigerten Erfahrung des Einsseins mit allem Leben

(„mana"-Glaube) sowie und in Verbindung damit der Vorstellung von einer über allem wachenden göttlichen Macht („Hochgott"-Vorstellung) ausgehen. Vielleicht mit noch sehr viel älteren Wurzeln, naheliegender Weise zudem von Anfang an universell verbreitet und bis heute als eine Vorstufe alles Religiösen im engeren wie weiteren Sinn virulent geblieben, nahm mit den frühesten räumlichen und zeitlichen Überschreitungen der bis dahin gewohnten wildbeuterischen Alltagspraxis auch dieses vordem eher opak und diffus gebliebene Lebensgefühl in Gestalt von spezifischeren und spiritualisierteren Vorstellungen von animistischer Beseelung, bei erfolgreich institutionalisierter Stammesbildung zur Markierung von tribaler oder kognatischer Zugehörigkeit zudem auch noch Totemismus und Ahnenkult ausgeprägtere Konturen an. Desgleichen wurden schamanistische Psychotechniken zur Herstellung von Kontakten zur geistigen Welt sowie Praktiken der weißen und schwarzen Magie zur Indienstnahme für gute und böse Zwecke zur Routine. Schließlich gab der allgemeine Hunger nach Sinn, Gewissheit und Trost auch dazu Anlass, die auf diese Weise imaginativ zubereitete Welt mit menschlich, tierisch oder pflanzlich maskierten Geistwesen – den „dema"-Gottheiten – zu bevölkern, darunter nicht zuletzt Schöpfergottheiten, auf die sich Gegebenheiten und Vorgänge bis in älteste Zeiten zurückführen ließen, von denen aber auch aktuell Nützliches oder Schädliches erwartet werden konnte. Ebenso begann überall mehr und mehr die Praxis, sich zur Ermöglichung von Erfahrungen sakraler Distanzierung von der profanen Alltäglichkeit des Lebens räumliche Ambiente und kultische Praktiken zu schaffen sowie Personen damit zu betrauen, entsprechende Dienstleistungen zu diesem Zweck mehr oder weniger professionell zur Verfügung zu stellen.

Auf der diesen Anfängen folgenden hochkulturellen Entwicklungsstufe, im Laufe der Zeit organisationsextern immer nachdrücklicher erzwungen von einer Beschleunigung des demographischen Wachstums und seinen ökologischen und technologischen Begleiterscheinungen sowie politisch eine Folge des damit unausweichlich gewordenen Übergangs von einem Leben in Stammesgemeinschaften und Dörfern oder Dorfverbänden zu dem in stadt- oder flächenstaatlich organisierten Gesellschaften, mochten sich den daran Beteiligten bereits weitergehende zivilisatorische Entlastungen von dieser existenziellen Unsicherheits- und Hilflosigkeitserfahrung geboten haben. Mit Sicherheit vergrößerte sich so jedoch auch der bis dahin vor allem naturbedingte Leidensdruck noch einmal durch einen sozialbedingten mit der Konsequenz, diesem Zuwachs an intellektueller Verwirrung wie emotionaler Beunruhigung mit religiösen Mitteln zu begegnen und das bereits erprobte Repertoire von ebenso explikativ wie kurativ für wirksam befundenen spirituellen Remedien noch einmal um ein Vielfaches zu erweitern. Damit begann auf der sprachlichen Ausdrucksebene die Zeit der prophetischen Offenbarungen, heiligen Texte und dogmatischen Festlegungen, ebenso auf der nichtsprachlichen die eines mit immer größerem materiellen Einsatz und ästhetischem Anspruch wie suggestiven Aufwand, dies vor allem architektural in der Gestalt von Tempelanlagen jeder Art und Größe, daneben aber auch mittels anderer künstlerischer Medien und nicht zuletzt unter Zuhilfenahme der Musik, die Beschwörung von Augenblicken der Verbundenheit des erfahrbaren Diesseits mit einem ihm zugleich vorausgehenden und lebenstragenden Jenseits von allem und jedem. Dabei konnten, was immer der Grund dafür gewesen sein mochte, die Vorstellungen von einer solchen Ander-, Ober- oder Unterwelt leer bleiben oder in weiteren Konkretisierungs-, wo nicht Personalisierungsschüben mit Geistwesen bevölkert werden, diese sich zudem homogener oder synkretistischer zusammensetzen, Himmelserscheinungen repräsentieren oder zu Vegetationskulten Anlass geben, als Lokal- oder Kulturgottheiten in Dienst genommen werden und nicht zuletzt, so vielfach auf dem Wege entsprechender Platzierungen in einem hierarchisch geordneten Pantheon, politische Verhältnisse widerspiegeln und befestigen.

Auch charakteristische Entwicklungen, so vor allem die nicht selten, wenn auch nur in den wenigsten Fällen ganz konsequent bewerkstelligte Transformation eines polytheistischen Systems in ein monotheistisches (oder dessen gewaltsamer Oktroy) begegnen in diesem Zusammenhang, ebenso und zumeist in Verbindung damit mangels anderer Mittel für diesen Zweck die Zunahme einer Inanspruchnahme religiöser Ideen und Institutionen für die Lösung von politischen Ordnungsproblemen.

Wagt man, diesen halsbrecherischen Abbreviaturen noch ebenso kurz gehaltene Bemerkungen zur Religionsgeschichte im Industriezeitalter hinzuzufügen, liegt als Erstes natürlich wieder – und mit noch mehr sachlicher Berechtigung als bisher – nahe, auf die mit dieser menschheitsgeschichtlichen Etappe in die Reichweite des Möglichen gerückten Wohlfahrtsgewinne und deren Eignung zu verweisen, das Ihre zu einer weiteren Milderung der uralten Disharmonie zwischen Weltkontingenz und Gehirnphysiologie beigetragen zu haben. Zugleich ist jedoch auch noch einmal mehr der Preis dieses Fortschritts in Gestalt von all dem in Anschlag zu bringen und damit auf der Sollseite dieser Entwicklung in Rechnung zu stellen, was an zusätzlichen und neuartigen Belastungen und Verunsicherungen seither auch dafür noch einmal in Kauf zu nehmen war und bis auf Weiteres noch zu zahlen sein wird.

Auf der Kostenseite einer von nun an mehr und mehr beschleunigten Veränderung aller Lebensbereiche, dies zumal mit einer sozialen Eindringtiefe und destruktiven Gewalt, wie sie bisher noch nicht erlebt worden war, ist dabei nicht zuletzt und mit besonders problematischen Folgen auch eine damit verbundene Erosion aller lebensweltlich überschau- und beeinflussbaren Milieus zu verbuchen. Denn mit dem Übergang eines Lebens in bis dahin immer noch mehr oder weniger überschaubar gebliebenen natürlichen und sozialen Naherfahrungsräumen mit ihren unausweichlichen Lernanreizen und selbstbestimmten Handlungsmöglichkeiten zu einem solchen in immer undurchsichtiger und unbeeinflussbarer werdenden Weltverhältnissen untergrub der zivilisatorische Fortschritt in dem Maße, wie er sich technisch darin bewährte, Menschen die Schrecken des Geborenseins und Sterbenmüssens erträglicher zu machen, auch schon wieder selbst die sozialen Lebensumstände und ihre psychische Anreizwirkung, die diese in die Lage versetzen konnten, davon zu ihrem Wohl und Glück auch den erwünschten Gebrauch machen zu können. Daß neben dem allgemeinen Modernisierungsgeschehen nicht zuletzt auch diese rasche Erosion lebensweltlicher Geborgenheiten und ihre unzureichende Kompensation mit technisch verfügbaren Surrogaten die Religionsfrage seither noch immer aktuell gehalten, ja gegenüber allen Hoffnungen auf ihre Erledigung im Zuge der Aufklärung womöglich sogar noch einmal besonders aktualisiert hat, kann daher nicht überraschen.

Eines der Versuche, dieser so bisher noch nicht gekannten Dramatisierung des uralten Menschheitsleides etwas entgegenzusetzen, war in Europa und seinen ihm zivilisatorisch bereits angenäherten geographischen Annexen verständlicherweise der Rückgriff auf das jahrhundertelang dazu schon unter mehr oder weniger kirchlicher Aufsicht und mit mehr oder weniger Erfolg in Gebrauch genommene Antidot in der Gestalt des gewohnten religiösen Erbes. Nicht nur, dass im christlichen Europa die Kirchen, darunter allen voran die katholische, sich noch einmal ihres dogmatisierten Lehrgutes zu vergewissern suchten und im Übrigen entschlossen dazu übergingen, sich politisch wie medial, so durch völkerrechtlich verbindlich gemachte Konkordate und konfessionell für sich in die Pflicht genommene Parteien und Printmedien, am modernen Spiel um Einfluss und Gewinn zu beteiligen. Zu dieser Reaktion im 19. Jahrhundert gehörte zudem auch, dass noch nie in der Geschichte in so kurzer Zeit so viele neue Kirchen gebaut – und dafür altvertraute, nun aber als zu klein und zudem noch stilistisch veraltet angesehene abgerissen – wurden. Ebenso stand damit in Verbindung, dass schon lange nicht mehr mit einer vergleichbar kompromisslosen Penetranz von neuem auf konfessionelle Abgrenzung Wert gelegt und, mit auf längere Sicht besonders grauenhaften Folgen, ein inzwischen bereits weithin zu einem nachbarschaftlichen gewordenes Verhältnis zu den jüdischen Mitbürgern, um sich der eigenen Identität zu vergewissern, wieder aufgekündigt wurde. Dass man 1914 neben dem Vaterland allendhalben auch für Gott ins Feld zog und Priester bereitstellte, um für den erhofften Sieg Soldaten und Kanonen segnen zu lassen, machte diesen Rückgriff auf den alten Glauben dann zudem noch zu einer Groteske besonderer Art.

Bei aller kritikablen Oberflächlichkeit und Geistlosigkeit dieser restaurativen Reprise, die es helleren Köpfen leicht machte, ihr im Namen einer aufgeklärteren Vernunft die beruhigende Wirkung zu nehmen und den Weg zu einem religionskritischen Radikalismus zu ebnen, bei dem kein Stein mehr auf dem anderen blieb, war es immerhin deren Verdienst, damit ein Repertoire von Formeln auch weiterhin verfügbar gehalten zu haben, auf das sich immer noch zurückgreifen ließ, wenn modernere Orientierungs- und Therapieangebote nicht hielten, was sie versprochen hatten – oder die Kosten dafür untragbar geworden waren. Bezeichnenderweise hatte ein Teil des Widerstands gegen das Naziregime in beiden Konfessionen – für die katholische

Seite sei hier nur an von Galen, für die protestantische an Bonhoeffer und Niemöller erinnert – einen christlichen und kirchlichen Hintergrund. Desgleichen war der politische wie kulturelle Neubeginn im westlichen Deutschland nach 1945 lange Zeit noch im gleichen Geist restaurativ geprägt. Ebenso behielten die Kirchen in seinem östlichen Pendant bis zuletzt eine zu dessen Staatssozialismus alternativ sinngebende und hilfeleistende Funktion. Selbst die Kritik an den etablierten Kirchen von Seiten einer schon bald um sich greifenden esoterischen Opposition trug zudem noch dazu bei, sich auch ohne diese einer existenziellen Unsicherheitserfahrung und deren religiöser Beschwichtigungsfähigkeit bewusst zu bleiben, für die jene schon immer ihre Zuständigkeit reklamiert hatten.

Charakteristisch für die industriegesellschaftliche Moderne wurde schließlich noch, dass neben diese genuin religiösen Angebote sehr bald schon solche mit vergleichbar absoluten Geltungsansprüchen, jedoch säkularisierten Deutungsvorgaben und Heilsversprechen traten. Seit Marx häufig als „Ideologien" etikettiert, machte sie ihre Programmatik mit einer parasitären Inanspruchnahme des Renommees moderner Wissenschaften in einer Zeit, in der deren Erfolg von niemandem mehr bestritten werden konnte, für ihre religiösen Vorgänger zu einer ernsthaften Konkurrenz und verlieh ihnen eine Überzeugungskraft, die religiöse Züge annehmen konnte. Im Falle ihrer nationalistischen Frühformen war dies ein historischer Rückbezug auf vermeintliche Großtaten oder unverdiente Niederlagen, in dem der marxistischen Variante der Verweis auf dazu unterstellte ökonomische Gesetze und in dem seiner faschistischen Konkurrenz neben nationalistischen und marxistischen Anleihen der nicht weniger abwegige Gebrauch von biologistischen und rassistischen Konstrukten im Geist eines sozialdarwinistischen Survival of the Fittest.

Wie sehr auch hierbei der notorisch menschliche Orientierungs- und Therapiebedarf zur Geltung kommen und den mit genuin religiösen Vorkehrungen eng verwandten Charakter solcher säkularisierter Überzeugungssysteme erkennbar machen konnte, zeigt nicht nur die Neigung ihrer Vorkämpfer und Anhänger zu exklusiv und totalitär vertretenen Wahrheitsansprüchen mit den borniertesten dogmatischen Festlegungen, sondern auch deren skrupellose Bereitschaft, ihnen bei entsprechendem Bedarf mit allen Mitteln und um jeden Preis Anerkennung und Beachtung zu verschaffen. Man kann der marxistischen Wirtschaftstheorie wie der darwinistischen Evolutionslehre, so wie Marx und Darwin selbst sie vertreten haben, durchaus das Prädikat zubilligen, auf dem damaligen Stand der Forschung gewesen zu sein und damit als seriös zu gelten haben – was ihre sozialistischen oder faschistischen Epigonen, von deren nationalistischen Vorgängern und Mittätern gar nicht erst zu reden, seither daraus gemacht und was sie davon ebenso schamlos gerechtfertigt wie gnadenlos umgesetzt haben, dürfte inzwischen jedoch schon längst in den Schatten gestellt haben, was an doktrinärer Verhetzung Gleichgesinnter und bis zu physischer Vernichtung gehender Diskriminierung Andersgläubiger auch von den religiösen Originalen vor ihnen bisher schon angerichtet worden ist. Der Konjunktur dieser neuartigen Heilsversprechen mit ihren verwissenschaftlichen Alleinstellungsansprüchen und Abgrenzungsbedürfnissen kann man zwar das Ausmaß ablesen, in dem auch die Moderne (oder diese, bedingt durch die besondere Dramatik des industriegesellschaftlichen Wandels, sogar mehr denn je) mit existenziellen Unsicherheitserfahrungen konfrontierte, ohne dass genuin religiöse Gegenmittel noch immer wie bis dahin gewohnt Abhilfe schaffen konnten – für die verbrecherischen Konsequenzen dieser pseudoreligiösen Variante von existenziellem Heilungsversuch kann es kein Verständnis mehr geben. Und man kann gespannt sein, mit welchen Spätfolgen und Nebenwirkungen die mittlerweile mehr und mehr in Mode kommenden szientistischen und technizistischen Endzeit- und Welterlösungsphantasien, allen voran die ihrer derzeit berühmtesten Protagonisten in Kalifornien, sich eines Tages noch bemerkbar machen werden. Ob damit Hegels *unglücklichem Bewusstsein* (Phänomenologie 3, S. 163 ff.) oder Schopenhauers *metaphysischem Bedürfnis* (Welt 2,1,17, S. 186) nicht nur problemgerechter, sondern auch risikoloser als alle anderen modernen Religionssurrogate geholfen werden kann, wenn sich denn überhaupt noch von einer solchen Wirkung sprechen lässt, muss nach allen bisherigen Erfahrungen nicht nur in hohem Grade fraglich bleiben, sondern kann im Grunde wohl auch jetzt schon ganz entschieden verneint werden.

Literatur

Arendt, H.: *Was ist Existenzphilosophie*, Frankfurt a. M. 1990.

Bergson, H.: *Les deux sources de la morale et de la religion*, Paris 1932.

Bolz, N.: *Das Wissen der Religion. Betrachtungen eines religiös Unmusikalischen*, München 2008.

Eliade, M.: *Geschichte der religiösen Ideen*, 4 in 5 Bden., 2. Aufl., Freiburg, Basel, Wien 1994.

Ders.: *Die Religionen und das Heilige. Elemente der Religionsgeschichte*, aus dem Französischen übersetzt von M. Rassem u. I. Köck, Frankfurt a.M., Leipzig 1998.

Freud, S.: *Das Unbehagen in der* Kultur in: Werkausgabe *in zwei Bänden Bd. 2: Anwendungen der Psychoanalyse*, hrsg. und mit einem Kommentar versehen v. Anna Freud u. Ilse Grubrich-Simitis, Frankfurt a. M. 1978, S. 367 - 424.

Gollwitzer, H.: *Marxistische Religionskritik und der christliche Glaube*, 7. Aufl. Gütersloh 1987.

Hegel, G.W.F.; *Vorlesungen über die Philosophie der Religion*, 2 Bde., Werke Bd. 16 - 17, Frankfurt a.M. 1969.

Ders.: *Phänomenologie des Geistes*, Werke Bd. 3, Frankfurt a.M. 1970.

Heidegger, M.: *Sein und Zeit*, 8. unveränderte Auflage, Tübingen 1957.

Ders.: *Was ist Metaphysik*, 14. Aufl., Frankfurt a.M 1992.

Holzhey-Kunz, A.: *Leiden am Dasein. Die Daseinsanalyse und die Aufgabe einer Hermeneutik psychopathologischer Phänomene*, Wien 1994.

Hume, D.: *Die Naturgeschichte der Religion. Über Aberglaube und Schwärmerei. Über die Unsterblichkeit der Seele. Über Selbstmord*, übers. u. hrsg. v. L. Kreimendahl, Hamburg 1984.

Jensen, A. E.: *Mythos und Kult bei den Naturvölkern. Religionswissenschaftliche Betrachtungen*, mit einem Geleitwort von E. Haberland, München 1992.

Kierkegaard, S.: *Der Begriff Angst*, übersetzt und mit Glossar sowie einem Essay ‚Zum Verständnis des Werkes' hrsg. v. L. Richter, Werke Bd. 1, Reinbek bei Hamburg 1960.

Ders.: *Die Krankheit zum Tode*, übersetzt und mit Glossar, Bibliographie sowie einem Essay ‚Zum Verständnis des Werkes' hrsg. v. L. Richter, Reinbek bei Hamburg 1962.

Mensch und Gottheit in den Religionen. Kulturhistorische Vorlesung, hrsg. von der Universität Bern, Bern, Leipzig 1942.

Mensching, G.: *Die Religion. Eine umfassende Darstellung ihrer Erscheinungsformen, Strukturtypen und Lebensgesetze*, München o.J.

Nietzsche, F.: *Werke*, Frankfurt a.M. 1999.

Ohlig; K.-H.: *Religion in der Geschichte der Menschheit. Die Entwicklung des religiösen Bewusstseins*, Darmstadt 2002.

Otto, R.: *Das Heilige. Über das Irrationale in der Idee des Göttlichen und sein Verhältnis zum Rationalen*, Neuausgabe mit einem Nachwort von H. Joas, München 2014.

Radin, P.: *Die religiöse Erfahrung der Naturvölker*, Zürich 1951.

Taylor, E. B.: *Primitive Culture.: Researches into the Development of Mythology, Philosophy, Religion, Art, and Custom*, 2 Bde., London 1871 (Nachdr. New York 1974).

Schopenhauer, A.: *Die Welt als Wille und Vorstellung*, 4 Bde., Zürich 1977.

Sloterdijk, P.: *Nach Gott*, Berlin 2017.

Teilhard de Chardin, P.: *La place de l'homme dans la nature. Le groupe zoologique humain*, Paris 1956.

Timm, H.: *Fallhöhe des Geistes. Das religiöse Denken des jungen Hegel*, Frankfurt a.M. 1979.

Tworuschka, U.: *Einführung in die Geschichte der Religionswissenschaft*, Darmstadt 2o15.

Wach, J.: *Vergleichende Religionsforschung.mit einer Einführung von Joseph M. Kitagawa*, Stuttgart 1962.

Was ist Religion? Texte von Cicero bis Luhmann, hrsg. v. J. Schlierer, Stuttgart 2010.

Weber, M. A.: *David Hume und Edward Gibbon. Religionssoziologie in der Aufklärung*, Frankfurt a.M. 1990.

3. Religiöse Praxis und aufklärerisches Projekt

Es kann heute wohl ernsthaft nicht mehr bestritten werden, dass es zur Aufklärung des Denkens, hier verstanden als ein inzwischen schon weltweit in Gang gebrachter, wenn auch längst noch nicht überall zu flächendeckender Wirkung gelangter und schon gar nicht mit allen Implikationen und Konsequenzen durchweg begrüßter Übergang von einer im weitesten Sinne „mythologischen" zu einer ebenso weitgefassten, nun jedoch mit allen vertretbaren Nuancierungen des Ausdrucks „rational" begründeten und geleiteten Praxis, keine Alternative mehr gibt. Auch mit Blick auf die Religion kann das daher allein heißen, praxisbezogene Geltungsansprüche nur unter der Bedingung einer Rationalitätsprüfung akzeptieren zu können, Rationalität hierbei verstanden als die Qualität einer Handlungsplanung mit größtmöglicher Zielkongruenz und Prognosesicherheit, so bestenfalls auf dem Wege technischer oder experimenteller Bewährung, bei größerer Handlungskomplexität und Informationsunsicherheit immerhin noch auf dem einer Konsensbildung mit entsprechenden Kompetenz- und Revisionsvorbehalten sowie im äußersten Fall einer Notlage oder unter Zeitdruck zumindest auf dem der Bereitschaft, sich der erfolgversprechenden Intuition einer einschlägig kompetenten Person anzuvertrauen, immer vorausgesetzt, dabei von einer subkutan akkumulierten Weisheit Gebrauch machen zu können, deren Eignung für eine solche Improvisation auch nicht einfach so vom Himmel gefallen sein kann. Ausgeschlossen ist demgemäß jede Berufung auf spirituelle Eingebungen oder dogmatische Vorgaben, von par-ordre-de-mufti-Anweisungen kraft formaler Befugnis, ob sakral oder profan geltend gemacht, gar nicht erst zu reden.

Lässt sich wie hier unterstellt zwischen einer primärreligiösen Tiefendimension (Religion 1) und einem daran schon früh angelagerten Sekundärbestand von Informationsbeständen und Handlungsdirektiven (Religion 2) unterscheiden, Erstere in Reaktion auf existenzielle Urängste und Selbstzweifel sowie mit der Intention, diesen mit dazu geeignet erscheinenden Imaginationen und Praktiken zu begegnen und Letzterer, um sich auf diese Weise auch bei weniger dramatischen Alltagsproblemen zumindest soweit und solange mit Erklärungs- und Lösungsprovisorien behelfen zu können, bis diese sich durch rational begründetere und damit praktisch erfolgversprechendere ersetzen ließen, ist klar, dass es auch bei einer Konfrontation von Religion und Aufklärung entsprechender Differenzierungen bedarf.

Für den Bestand an sekundärreligiösen Überzeugungen und Empfehlungen hat in dieser Perspektive demnach verständlicherweise nach wie vor uneingeschränkt zu gelten, dem Logos gegenüber dem Mythos, wo und wie es nur immer geht den Vorzug zu geben – alles andere wäre, zumindest, wenn eine solche Wahl besteht, unverantwortlich und ein individuell wie kollektiv selbstschädigendes Verhalten. Aufklärungsgeschichtlich ging es daher auch von Anfang an zum Beispiel kosmologisch darum, Himmelsereignisse von praktischer Bedeutung wie Sonnen- und Mondbewegungen, statt sie sich in einem Zusammenhang von divinitorisch bewahrheiteten Mysterien verständlich zu machen, mittels empirischer Beobachtungen und deren experimenteller oder technischer Bewahrheitung zu erklären, ebenso ökonomisch, statt sich vom Wohlwollen göttlicher Mächte abhängig zu sehen, die Optimierung der Erträge in die eigene Hand zu nehmen, politisch, statt auf ein Gottesgnadentum, gleichgültig mit welcher Sanktionierung durch Priester, Tempelgemeinschaften oder Hochkirchen zu setzen, zumindest auf einer geordneten Verwaltung, wo nicht auf demokratischer Beteiligung zu bestehen und schließlich kulturell, statt sich auf Experten mit exklusiv vertretenen Wissens- und Wahrheitsansprüchen zu verlassen, selbst zu denken (und sich dazu auch ausreichend zu befähigen). Dass es sogar hierbei schon zu Modernisierungswiderständen kommen konnte und nach wie vor kommen kann, liegt bei den auch davon schon unweigerlich tangierten Sinn- und Sicherheitsbedürfnissen, von den jeweils mitbetroffenen Einkommens- und Machtinteressen gar nicht zu reden, auf der Hand – Bestimmungen über moralische Konformität, unter aufklärerischen Prämissen der Sache nach einzig und allein eine Angelegenheit der involvierten Gemeinschaften, waren daher nicht nur die längste Zeit eine bevorzugte Domäne von Experten für Religion 1, sondern sehen sich selbst in den entwickeltsten Ländern der Gegenwart auch heute von kirchenoffizieller Seite noch immer religiösen Vorbehalten sowie einer Sanktionsbewehrung mit der Beschwörung von Gewissenskonflikten, wo nicht einer Androhung von Kirchenstrafen ausgesetzt. Wie könnte es denn aber zu erwarten und zu begründen sein, von Propheten oder Priestern bei Ideen und Regularien, die das Leben aller betreffen, mehr Einsichts- und Entscheidungsfähigkeit erwarten zu können als von den daran interessierten Bürgern sowie von wissenschaftlichen Experten und politischen Vertretern?

Ist es inzwischen daher wohl schon eine Selbstverständlichkeit, die Aufklärung gegen Überzeugungen vom Typ Religion 2 geltend machen zu können, wo sich nicht sogar in einem wohlverstandenen Eigeninteresse dazu verpflichtet zu sehen, besteht nach wie vor eine größere Scheu davor wie ein größerer Widerstand dagegen, sich auch mit den unter Religion 1 angesprochenen Denk- und Verhaltensweisen ähnlich kritisch auseinanderzusetzen. Das ist nur zu verständlich, wenn man in Betracht zieht, dass es hierbei noch sehr viel mehr (oder recht eigentlich erst) um Alles oder Nichts, unter besonders verwirrenden und belastenden Umständen womöglich sogar um Leben oder Tod gehen kann. Dabei ist nicht per se schon ausgemacht, dass es auf dieser primärreligiösen Erfahrungs- und Handlungsebene aus aufklärerischer Sicht nichts zu kritisieren gäbe. Man denke dabei à part jeder Art von ungewollter oder wohlüberlegter Verhexung der Weltverhältnisse allein schon an Beeinträchtigungen der spirituellen Qualität und meditativen Affektion von Mythologemen und Metaphern oder an architektonische wie kultische Mängel bei alltagsüberschreitenden und heiligkeitsverbürgenden Inszenierungen. Auch bei einem Vergleich von historisch wie aktuell praktizierten Typen von Religion 1 kann eine komparative Prüfung nach aufklärerischen Rationalitätskriterien, so etwa mit Blick auf ihren authentischen Gehalt und die von ihr angebotene kurative Leistung, auf ihre Toleranzfähigkeit gegenüber konkurrierenden Überzeugungen und nicht zuletzt auf ihren Beitrag zum Gelingen des Aufklärungsprozesses selbst nicht schaden.

Religionsgeschichtlich wird man sich dabei in der Überzeugung, von einem solchen wechselseitig ebenso befördernden wie beschränkenden Verhältnis zwischen substanzieller Gläubigkeit und aufklärerischer Kritik ausgehen zu können, bei aller funktionalen und phänomenalen Verwandtschaft mit anderen Weltreligionen insbesondere vom Werdegang des abendländischen Christentum bestätigt sehen und damit nicht umhin können, ihm im Vergleich damit zumindest unter diesem Aspekt eine gewisse Sonderstellung zuzubilligen. Ein Grund dafür war vermutlich schon der, dass es sich bei der auf Jesus zurückgehenden Erweckungsinitiative, allein schon wegen ihres Bezugs zur altjüdischen Überlieferung mit ihrem ungewöhnlichen Reichtum an religiösen Vorerfahrungen sowie in Anbetracht der davon initiierten Nah- und Fernwirkungen als ein primärreligiöses Reformanliegen par Exzellenz ausgewiesen, um einen Anstoß und Aufbruch gehandelt haben dürfte, der verständlicherweise nicht nur bei den ihm fernerstehenden Anhängern in Galiläa und Jerusalem, sondern auch im Kreis seiner eigenen Jünger und engsten Vertrauten selbst von Anfang an schon mit einigem Recht zumindest auf Unverständnis, wo nicht Ablehnung gestoßen ist. Damit ließe sich allein deswegen bereits auf ein verbreitetes Interesse schließen, sich dem daran Ungewohnten und Befremdlichen im Lichte einer damals verbreiteten spätjüdischen Vorstellungswelt mit den unterschiedlichsten Varianten von apokalyptischen Erwartungen und messianischen Hoffnungen zu nähern und damit einen Verständnishorizont mit Klärungsbedürfnissen zu schaffen, denen selbst bei dieser abgehobenen Thematik ohne ein Mindestmaß an vernunftbegründeter Argumentation nicht zu genügen war.

Gab, wie die von einer Beschäftigung mit der Messiasfrage beherrschten synoptischen Evangelien erkennen lassen, allein das schon dazu Anlass, sich über diesen Vorschlag zur Ausgestaltung des Ursprungsmythos der neuen Religion von da an auf der Linie einer judenchristlichen Synthese nicht nur hermeneutisch, sondern auch theologisch den Kopf zu zerbrechen, so war dies noch immer nichts im Vergleich zu dem Anteil an rationalisierender Aneignung und Umdeutung des jesuanischen Anliegens durch Paulus. Denn dieser, ein hellenistisch gebildeter Jude und Rabbi, der Jesus zu dessen Lebzeiten selbst nie begegnet war, sah in dem, was ihm von seiner spirituellen Eindrücklichkeit und engagierten Mitmenschlichkeit bekannt geworden war, offenbar früher und klarer als die Jerusalemer das darin liegende missionarische Potential und damit eine Möglichkeit, ihm mit einer Verbindung von altjüdischem Monotheismus, einer soteriologischen Christologie aus dem Repertoire zeitgenössische Erlösungskulte und einem platonistischen Entwirklichungs- und Vergeistigungsangebot nach Mode der Zeit Geltung und Wirkung zu verschaffen.

Dass diesem von Paulus in den Ring geworfenen Deutungsmuster ein derart durchschlagender Erfolg beschieden war und damit dem abendländischen Christentum eine Modifizierung aufzuzwingen vermochte, die im äußersten Fall sogar Gefahr laufen konnte, die jesuanische Ursprungsintention vor lauter Paulinismus ganz und gar in Vergessenheit geraten zu lassen, lag dabei gewiss zu einem Teil am Ingenium dieses von der Jerusalemer Gemeinde wohl nicht zuletzt deswegen sogar noch honoris causa kooptierten Apostels, vor allem aber auch daran, dass er von Anfang an ungenierter als seine Konkurrenten bereit gewesen war, sich zu deren ebenso heils- wie werbewirksamer Propagierung anstelle des konventionelleren jüdischen Sprachspiels zeitnäherer religiöser wie philosophischer Deutungsmuster zu bedienen. So sehr ihm daher ein wesentlicher Anteil daran zu verdanken ist, das Leben und Werk dieses Jesus von Nazareth nicht nur historisch in Erinnerung zu behalten, sondern ihm, nach dem Vorbild zeitgenössischer Soteriologien und unter dem Einfluss von platonistischen Absagen an die Welt rationalisiert, auch theologisch die für das abendländische Christentum maßgeblich gewordene Gestalt gegeben zu haben, hat er ihm damit jedoch zugleich auch eine déformation spirituelle mit Konsequenzen in die Wiege gelegt, die bei aller Anerkennung seines Anteils an einer authentischen Weitergabe des jesuanischen Anliegens mehr als alles andere noch immer Anlass zu einer kritischen Betrachtung und Bestreitung im Namen der Aufklärung geben muss. Denn die auf ihn zurückgehende soteriologische und pneumatologische Umdeutung der Jesusbotschaft verband sich noch mit einer auffallend ausgeprägten Leibfeindlichkeit und Triebabwehr sowie mit Vorstellungen von menschlicher Sündhaftigkeit und Erlösungsbedürftigkeit mit unverkennbar sexuellen und misogynen Konnotationen, die, ob schon eine spät-, wo nicht altjüdische Reminiszenz oder erst ein mit den soteriologischen und platonistischen Anleihen zum Thema gemacht, in jedem Fall auch nicht ohne die Annahme eines persönlichen Konfliktproblems erklärbar sind und damit geeignet waren, dieser Religion von Anfang an eine anthropologisch und psychologisch überaus bedenkliche Schlagseite zu geben.

An das nachantike Abendland weitergegeben wurde diese theologische Umdeutung des, wie anzunehmen und noch zu bekräftigen vermutlich ganz anderen jesuanischen Ursprungsanliegens neben ihrer ursprünglich paulinischen Version darüber hinaus zudem in der ebenso genialisch verschärften wie signifikant verdüsterten Gestalt, zu der zu bekennen sich in spätrömischer Zeit auch Augustinus noch veranlasst und verpflichtet gesehen hat. Wie schon dessen früher verfasste *Confessiones* erkennen lassen, spielten dabei neben einem expliziten Bekenntnis zur paulinischen Theologie und einer durchgängigen, wenn auch nicht uneingeschränkten Wertschätzung des ihm vor seiner Bekehrung bereits zugänglich gewordenen Platonismus Schuldgefühle im Zusammenhang mit einer exzessiven Bindung an die Mutter sowie deren Missbilligung seiner heidnischen Lebensweise, dies zumal in einem Konkubinat mit illegitimem Nachwuchs, eine in die gleiche Richtung gehende Rolle. Hinzu kam in den späteren Schriften, bedingt durch die zunehmend bedrohlicher gewordene Reichskrise, eine Verdunklung der Lebensperspektive mit pessimistischen Gnadenwahlspekulationen und masochistischen Selbstbeschuldigungsexzessen, die deren Weitergabe an das nachantike Abendland und damit den individuell wie kulturell damit anrichtbaren Schaden nur potenzieren konnte – noch der Augustiner Luther zeigte sich Jahrhunderte später davon gepeinigt und dazu genötigt, seine ganze ihm bis dahin vertraut gewordene Glaubenswelt aus den Angeln zu heben, und selbst die davon losgetretene Reformationslawine war die längste Zeit noch immer nicht fähig, dieser paulinisch-augustinischen Pathologisierung einer, wie sich noch zeigen lässt, eher menschenfreundlichen und ebenso lebensbejahenden wie glücksbefördernden Jesusbotschaft etwas entgegenzusetzen.

Es ist daher nicht abwegig, Freud auch darin immer noch zu folgen, in einem derart autoaggressiv gestimmten und kulturell verallgemeinerten wie verstetigten Inkriminierungswahn und Sublimierungsstress eine der kulturellen Vorbedingungen der Industriellen Revolution zu sehen und nicht zuletzt damit auch die europäische Pionierrolle auf dem Weg in die Moderne erklären zu können. Bedrängender als er dies damals wohl schon wahrnehmen konnte, war dabei im Falle einer privatwirtschaflichen Produktionsorganisation von Anfang an eine Versorgungsasymmetrie zugunsten von Gütern mit Privatguteigenschaften und einer privaten Kapitalbildungsfähigkeit, dies wie nicht anders zu erwarten naturgemäß auch noch in Verbindung mit einem konsumistischen Verwendungsprivileg und der damit unvermeidlich gewordenen Konsequenz einer im Laufe der Zeit immer drastischer in Erscheinung tretenden Ungleichverteilung des auf diese Weise erwirtschafteten neuen Reichtums.

Ging dieser unter Produktions- wie Distributionsaspekten asymmetrische Wohlfahrtgewinn, dem wie inzwischen praktisch zur Genüge erprobt auch auf dem Wege staatswirtschaftlicher Korrekturversuche allenfalls marginal und dies noch dazu unter Inkaufnahme von anderen unerwünschten Kosten beizukommen war, auch bisher schon nicht zuletzt und mit bedenklichen Konsequenzen zu Lasten von systemerhaltenden Kulturleistungen und Bildungsdesideraten, so kam es mit der zunehmenden Expansion und Perfektionierung dieses Wirtschaftssystem, gleichgültig ob in seiner kapitalistischen Urform oder in einer mehr oder weniger staatswirtschaftlich modernisierten Variante, seit einiger Zeit neben einer Zunahme anderer Negativeffekte wie insbesondere dem eines immer bedrohlicher werdenden Naturverbrauchs noch dazu auch eine inflationäre Zunahme von wachstumsfördernden Konsum- und Eventangeboten mit entsublimierenden Konsequenzen – Herbert Marcuse sprach in diesem Zusammenhang vor Jahren bekanntlich schon von „repressiver Entsublimierung".

Ob und wenn ja in welcher Hinsicht neben dieser paulinisch-augustinischen Vorprogrammierung der christlich - abendländischen Religionsvariante auch noch von erkennbar johanneischen Modifikationen gesprochen werden kann, ist demgegenüber, um dies hier noch kurz anzusprechen, nicht ebenso leicht zu sagen. Dass mit diesem spätesten und von den Synoptikern in vieler Hinsicht signifikant abweichenden Biographieversuch, der seine Aufnahme in den neutestamentlichen Kanon wohl nur einem Irrtum über seine Autorschaft verdankt, mit seiner Anlehnung an die antike Gnosis als eine vergleichbar unkonventionelle, wenn auch nicht ähnlich formbildende und entwicklungsbestimmende Alternative dazu in Anschlag gebracht werden kann, ist jedoch wohl nicht von der Hand zu weisen. Immerhin scheint es sich bei diesem johanneischen Evangelium sehr früh schon um einen Gegenentwurf zum paulinischen Mainstream mit dem Anliegen gehandelt zu haben, einem damals bereits verbreiteten Unbehagen an dessen zwar ordnungsstiftendem, damit zugleich aber auch abgehobenen und blutleeren Intellektualismus Ausdruck zu geben und dem stattdessen eine mit der christologisch vergöttlichten Jesusfigur spirituell kurzgeschlossenen Laienfrömmigkeit aus eigenem Recht und mit einer Erleuchtung und Bevollmächtigung en permanence entgegenzusetzen. Trotz unbeholfener Korrekturen des Urtextes, die auf ein solches Unbehagen an dieser Eigenmächtigkeit verweisen, war dieser Geist jedoch nicht mehr in die Flasche zu bekommen, begleitete, stets unter Ketzereiverdacht, wo nicht offen bekundetes Motiv für eine häretische Abwendung von der jeweils verbindlich gemachten Orthodoxie zum erhellenden Ausweg für die Einen wie zum bösen Schatten für die Anderen geworden und für geeignet gehalten, in der seither fortlebenden Gestalt von esoterischen Bekenntnissen und Abgrenzungen die alten

Religionen herauszufordern. Unnötig hinzuzufügen, dass man von dem, was an substanziell verstandener und gelebter Religion 1, wenn man sich nur einer dementsprechenden Perspektive bedient, allem Anschein nach auch dem Wanderprediger aus Galiläa zuzuschreiben ist, weder von ihrer paulinischen, noch von ihrer johanneischen Stilisierung etwas wirklich Zutreffendes erfahren kann. Wie aber dann?

Es war daher nur konsequent, als nach der zunehmend verschärften Kritik am kirchlich verwalteten Christentum in der frühen Neuzeit, um sich dessen antiker Wurzeln mit dem fremder gewordenen Blick einer aufgeklärteren Moderne zu vergewissern, zunehmend zu einem Anliegen wurde, nicht nur über theologische Korrekturen nachzudenken, sondern auch einer Leben-Jesu-Forschung Auftrieb zu geben und von da an, nach den ersten vergleichsweise seriösen Biographieversuchen von David Friedrich Srauß und Ernest Renan sowie einer kritischen Sichtung des bis zu seiner Zeit erreichten Forschungsstandes durch Albert Schweizer, bis in die Gegenwart hinein alle nur denkbaren wissenschaftlichen Hebel in Gebrauch zu nehmen, um den Geheimnissen dieses offenbar auf eine besonders originäre und authentische Weise frommen Mannes aus Nazareth endlich auf die Spur kommen und dazu von seinen frühen judenchristlichen wie späteren paulinischen und johanneischen Übermalungen befreien zu können.

Die katholische Seite – von ihrer kirchlichen Standardreaktion auf die modernen Herausforderungen nach dem Ende des Siècle de Lumière war im religionsgeschichtlichen Abschnitt schon kurz die Rede – tat und tut sich verständlicherweise nach wie vor schwerer als die protestantische, von einer solchen historisch gesuchten und begründeten Revision des bisher vertrauten und geglaubten Überlieferungsguts für eine Nachbesserung Gebrauch zu machen. Noch das Jesus-Buch von Papst Benedikt aus jüngerer Zeit blieb sogar entgegen dem erkennbar bereits fortgeschritteneren Stand der neutestamentlichen Forschungen selbst in den theologischen Fakultäten der eigenen Kirche bei einer konventionell und damit in letzter Instanz vorzugsweise paulinisch stilisierten Christologie. Immerhin mehrten sich daneben auch schon die Versuche, von der Erklärungskraft einer Mystikanalogie und Mystikerqualifikation Gebrauch zu machen und damit den kerygmatischen Schleier, der über den Nazarener nach dessen Tod schon sehr bald gelegt worden ist, unter Verweis auf eine Spiritualitätsvariante etwas durchsichtiger zu machen, die wie in anderen hoch- und weltreligiösen Kontexten, so auch im europäischen Christentum und seiner lateinischen Sonder- und Fortentwicklung zum Glaubensrepertoire gehörte, hier wie auch sonst freilich oft genug unter Häresieverdacht stand und daher nur unter mehr oder weniger rigiden Beschränkungen akzeptiert wurde. Neben Karl Rahner, auf dessen Diktum, Christen hätten nur noch als Mystiker eine Zukunft oder keine mehr, in diesem Zusammenhang häufig verwiesen wird, setzten sich in jüngerer Zeit vor allem Eugen Biser mit einer umfangreichen Abhandlung unter dem Titel *Einweisung ins Christentum* von 1997 sowie daneben und mit Bezug darauf zum Beispiel auch Helmut Jaschke mit *Jesus der Mystiker* aus dem Jahr 2000 für diese Perspektive ein.

Auch wer sich nur als theologischer Laie erlauben kann, über Religion, das Christentum und den historischen Jesus nachzudenken, wird sich jedoch fragen können, ob die hier in Anschlag gebrachte Mystikeroption nicht immer noch zu sehr als eine kirchlich domestizierte und erst damit dogmatisch wie paränetisch hinnehmbare zur Debatte gestellt wird, um als erkenntnisleitende Hypothese und wegweisende Programmatik für den wünschbaren Zugewinn an Glaubwürdigkeit und Anziehungskraft schon die erste Wahl sein zu können. Denn zu sehr war diese religiöse Überzeugungs- und Verhaltensvariante im katholischen Raum auch bisher immer schon in der Gefahr, sich nur in einer Schwundstufe halten zu können, bei der es um nichts anderes zu gehen hatte als die mehr oder weniger selbstbezügliche Bemühung um einen Seelenfrieden auf Erden wie im Himmel, der mehr als eine Selbstanklage und Bußfähigkeit in Permanenz nicht zur Voraussetzung hatte: *Confirma me Deus per gratiam sancti Spiritus. Da virtutem corroborari in interiori homine et cor meum ab omni inutili sollicitudine et angore evacuare; nec variis desideriis trahi cuiuscumque rei vilis aut pretiosi: sed omnia inspicere sicut transeuntia, et me pariter cum illis transiturum; quia nihil permanens sub sole: ubi omnia vanitas et afflictio spiritus. – Stärke mich, Gott, durch die Gnade des Heiligen Geistes. Gib mir Kraft, dass ich innerlich stark werde und dass mein Herz von jeder unnützen Sorge und Angst frei sei; dass ich nicht durch mancherlei Wünsche nach wertlosen oder kostbaren Dingen abgelenkt werde, sondern dass ich alles als vergänglich ansehe, wie ich auch selber vergänglich bin; denn nichts ist beständig unter der Sonne, wo alles Torheit ist und Pein für den Geist* (Thomas a Kempis, *De imitatione Christi* III, 27, 17 ff., in der Edition und Übersetzung von F. Eichler S. 280).

Nun geht, für wie interessant und effizient man die Wahl einer solchen Interpretations- und Reanimationsstrategie immer noch halten mag, ein derart hochgradig selbstbezogener und entgrenzungssüchtiger religiöser Erfahrungstyp jedoch wohl nicht nur weit an dem vorbei, was sich über den Primärgehalt von Religion sagen lässt und was damit auch in Betracht zu ziehen wäre, wenn es ernsthaft darum ginge, sich das darin liegende Potenzial selbst in modernen Zeiten noch zu erhalten. Zudem ist, nimmt man allein zur Kenntnis, was hinter den kerygmatischen Übermalungen und Retuschierungen vom Denken und Wirken dieses Jesus von Nazareth immerhin doch noch erkennbar geblieben ist oder zumindest erschlossen werden kann, äußerst zweifelhaft, ob man ihm mit der Zuordnung zu einem mystischen Frömmigkeitstypus, trägt man der ungewöhnlichen Wirkung auf seine Anhänger wie auf die Nachwelt sowie den erschließbaren Einzelheiten seiner Biographie Rechnung, wirklich näher kommen kann.

Dagegen eröffnete sich im protestantischen Lager, jedenfalls wo es hochkirchlich organisiert war und in theologischen Fakultäten mit der Jesusfrage befasst sein konnte, schon sehr viel früher ein aussichtsreicherer Weg, um hinter diesem Schleier noch immer authentische Spuren von der Person und Lehre des Galiläers und damit eine Erklärung für die Faszination entdecken zu können, die damals von ihm ausgegangen sein muss. Abgesehen von seinem konfessionellen wie organisatorischen Pluralismus trug gewiss nicht zuletzt auch ein entspannteres Verhältnis zu alten und neuen Häresien, von der eigenen Abkunft vom Häretiker par Exzellenz Martin Luther gar nicht zu reden und damit eine größere Bereitschaft dazu bei, sich von einem breiteren Spektrum von religiösen Erfahrungen sowie einem mehr und mehr aufklärungsbestimmten Geist der Zeit inspirieren zu lassen. Auch Rückgriffe auf den mystischen Sonderweg, wie in jüngster Zeit von Dorothee Sölle mit ihren Schriften *Mystik und Widerstand. „Das stille Geschrei"* von 1999 und *„Mystik des Todes. Ein Fragment"* von 2000 besonders eindrücklich bekundet, waren in diesem Zusammenhang daher zwar seltener, zumindest aber kein durchweg prohibitiv wirkendes Tabu.

Dass es im Protestantismus inzwischen, wenn ähnlich wie bei seiner katholischen Konkurrenz gewiss noch lange nicht dogmatisch und paränetisch, immerhin aber doch schon theologisch und exegetisch gelang, zu einem Jesusbild zu kommen, das an die Stelle der engeren Mystik- und Mystikerperspektive die einer Verkörperung von Religiosität in einem weiteren und gefüllteren Sinn zu setzen erlaubt, verdankte sich neben dessen pluralistischer Diskurskultur und der ihm verbliebenen ketzerischen Instabilität sowie einer damit bis an den Rand der Selbstaufgabe riskierten Offenheit für das Aufklärungsanliegen zu einem erheblichen Teil gewiss allein schon der entschiedenen Abkehr des goethezeitlichen Berliner Theologen Friedrich Schleiermacher von der damaligen lutherische Orthodoxie, so mit besonderer literarischer Wirkung in seiner bekanntesten und berühmtesten Schrift *Über die Religion. Reden an die Gebildeten unter ihren Verächtern* aus dem Jahr 1799. In einer Standpauke, die er nicht nur den preußischen Lutheranern, sondern auch und vor allem einem gebildeten Publikum mit Sympathien für die neueste Philosophie von Kant bis Hegel, Goethe wie Wilhelm von Humboldt darin mitgedacht, halten zu müssen glaubte, suchte er dabei der christlichen Religiosität gegen die verbreitete Praxis, sie sich durch eine dogmatische Sterilisierung oder metaphysische Purifikation und moralische Instrumentierung handlicher zu machen, wieder in dem ganzen Reichtum und Gewicht ihrer genuin religiösen Orientierungs- und Therapieleistungen Geltung zu verschaffen, so etwa in seiner zweiten Rede „*Über das Wesen der Religion*" mit den Worten: *Stellet Euch auf den höchsten Standpunkt der Metaphysik und der Moral, so werdet Ihr finden, dass beide mit der Religion denselben Gegenstand haben, nämlich das Universum und das Verhältnis des Menschen zu ihm. Diese Gleichheit ist von lange her ein Grund zu mancherlei Verirrungen gewesen; daher ist Metaphysik und Moral in Menge in die Religion eingedrungen, und manches, was der Religion angehört, hat sich unter einer unschicklichen Form in die Metaphysik oder die Moral versteckt. Werdet Ihr aber deswegen glauben, dass sie mit einer oder beiden einerlei sei? ... Soll sie sich also unterscheiden, so muss sie ihnen ungeachtet des gleichen Stoffs auf irgend eine Art entgegengesetzt sein; sie muss diesen Stoff ganz anders behandeln ... , denn nur dadurch kann dasjenige, was dem Stoff nach einem anderen gleich ist, eine besondere Natur und ein eigentümliches Dasein bekommen* (Friedrich Schleiermacher: *Über Religion. Schriften, Predigten, Briefe*, herausgegeben von Christian Albrecht, Frankfurt a. M. und Leipzig 2008, S. 38, 7 ff.). Und dazu noch einen Schritt weiter: *Darum ist es an der Zeit,...mit dem schneidenden Gegensatz anzuheben, in welchem sich die Religion gegen Moral und Metaphysik befindet ... Sie entsagt hiermit, um den Besitz ihres Eigentums anzutreten, allen Ansprüchen auf irgend etwas, was jenen angehört, und gibt alles zurück, was man ihr aufgedrungen hat. Sie begehrt nicht das Universum seiner Natur nach zu bestimmen und zu erklären wie die Metaphysik, sie begehrt nicht aus Kraft der Freiheit und der göttlichen Willkür des Menschen es fortzubilden und fertig zu machen wie die Moral. Ihr Wesen ist weder Denken noch Handeln, sondern Anschauung und Gefühl. Anschauen will sie das Universum, in seinen eigenen Darstellungen und Handlungen will sie es andächtig belauschen, von seinen unmittelbaren Einflüssen will sie sich in kindlicher Passivität ergreifen und erfüllen lassen. So ist sie beiden in allem entgegengesetzt was ihr Wesen ausmacht, und in allem, was ihre Wirkungen charakterisiert. Jene sehen im ganzen Universum nur den Menschen als Mittelpunkt aller Beziehungen, als Bedingung alles Seins und Ursach alles Werdens; sie will im Menschen nicht weniger als in allen anderen Einzelnen und Endlichen das Unendliche sehen, dessen Abdruck, dessen Darstellung. Die Metaphysik geht aus von der endlichen Natur des Menschen, und will aus ihrem einfachsten Begriff ... mit Bewußtsein bestimmen, was das Universum für ihn sein, und wie er es notwendig erblicken muß. Die Religion lebt ihr ganzes Leben auch in der Natur, aber in der unendlichen Natur des Ganzen, des Einen und Allen; was in dieser alles Einzelne und so auch der Mensch gilt und wo alles und auch er treiben und bleiben mag in dieser ewigen Gärung einzelner Formen und Wesen, das will sie in stiller Ergebenheit im Einzelnen anschauen und ahnden. Die Moral geht vom Bewusstsein der Freiheit aus, deren Reich will sie ins Unendliche erweitern, und ihr alles unterwürfig machen; die Religion atmet da, wo die Freiheit selbst schon wieder Natur geworden ist jenseits des Spiels seiner besonderen Kräfte und seiner Personalität faßt sie den Menschen, und sieht ihn aus dem Gesichtspunkte, wo er das sein muß, was er ist, er wolle oder wolle nicht. So behauptet sie ihr eigenes Gebiet und ihren eigenen Charakter nur dadurch, daß sie aus dem der Spekulation so-*

wohl als aus dem der Praxis gänzlich herausgeht ... (ebd. S. 43, 2 ff.). Man mag das hier eingeräumte Gewicht des Gefühls so nicht teilen – immerhin war es nun einmal die Zeit der Berliner Romantik und Friedrich Schlegel hier zeitweise sein Freund und Gast, was freilich nicht zuletzt auch wegen zunehmender Meinungsunterschiede nicht von Dauer war. Sicher ist jedoch in jedem Fall, dass Schleiermacher, vielleicht im Nachklang zu seiner Herrnhuter Erziehung und Ausbildung, mit seinem Verständnis von Religion nicht nur über dessen von den damaligen Orthodoxien spezifizierte und monopolisierte Normalform hinausführte und damit einen gewichtigen Beitrag zu seiner religionswissenschaftlich und religionsgeschichtlich positiv zu Buche schlagenden Universalisierung leistete, sondern bei allen romantischen Einfärbungen doch auch schon einiges von seinem primärreligiösen Gehalt wieder ins Bewusstsein rückte und zur Geltung brachte.

Der weitere Weg auf der Suche von da bis zu einem authentischer erscheinenden Jesusbild, zum Teil bereits Gegenstand von Albert Schweizers 1913 erschienener *Geschichte der Leben-Jesu-Forschung* mit eigener Parteinahme für ein liberalistisch und moralphilosophisch verschlanktes im Unterschied zum traditionell christologischen und soteriologischen Verständnis im damals schon seit einiger Zeit ausgebrochenen Theologenstreit, fand seinen Höhepunkt und vorläufigen Abschluss mit einer Absegnung der bis und nach der Jahrhundertwende erreichten Fortschritte auf dem Gebiet der empirischen Bibelphilologie und Jesusbiographie sowie unter dem maßgeblichen Einfluss von Rudolf Bultmanns Entmythologisierungskonzept, so allem voran mit der Veröffentlichung seines Jesus-Buches von 1926, *Offenbarung und Heilsgeschehen* von 1941 und *Theologie des Neuen Testaments* von 1953; einer sehr kontrovers ausgetragenen Klärung dies Ansatzes diente auch die von Karl Jaspers und Rudolf Bultmann ein Jahr später gemeinsam veröffentlichte Schrift mit dem Titel *Die Frage der Entmythologisierung*; zu den schärfsten Kritikern dieser exegetischen Lösung mit dem Argument, dabei viel zu halbherzig verfahren zu sein, gehörte dabei bekanntlich Hans Alberts *Traktat über kritische Vernunft* von 1968.

Beeindruckt von der Möglichkeit eines neuen existenzphilosophischen Zugangs zum neutestamentlichen Jesus und der Urgemeinde, dies gewiss nicht zuletzt eine Folge der kollegialen Nähe zu Heidegger in Marburg, war dieser philosophische Ansatz, immerhin auch selbst schon einer Tradition zugehörig, die dem Kerngehalt von Religion und Religiosität verpflichtet zu bleiben suchte, ohne damit auch dessen christliche Metaphorik noch immer in Kauf nehmen zu müssen. Bultmann gewann diese reichere Perspektive damit zwar für das Verständnis der christlichen Religion wieder zurück, neigte von da an jedoch immer noch dazu, sie nur für das Kerygma der Urgemeinde, nicht aber auch schon für den historischen Jesus in Anspruch zu nehmen – *Mag er als Wundertäter, als Exorzist, erschreckend „numinos", gewirkt haben – die Sätze, die dergleichen sagen oder andeuten, gehören freilich der Redaktion der Evangelisten an und sind nicht alte Überlieferung –, im Kerygma der Gemeinde spielt das keine Rolle ... So hat denn auch für das Kerygma des Paulus wie des Johannes, wie überhaupt für das NT die Persönlichkeit Jesu keine Bedeutung; ja, die Tradition der Urgemeinde hat auch nicht etwa unbewusst ein Bild seiner Persönlichkeit bewahrt; jeder Versuch, es zu rekonstruieren, bleibt ein Spiel subjektiver Phantasie* (Rudolf Bultmann: *Theologie des Neuen Testaments*, 5. durchgesehene und ergänzte Auflage, Tübingen 1958, S. 87 f.).

Stellt man nur andere Fragen – und hier statt der nach einem Mystiker die nach einem Vertreter jener langen Reihe von geschichtlichen homines religiosi, die sich vom existenziellen Leid an den menschlichen Kontingenz- und Insuffizienzerfahrungen besonders angerührt und verantwortlich gemacht fühlten, sich den davon Betroffenen zuzuwenden und ihnen mit den Mitteln der Religion zu einem glücklicheren Leben zu verhelfen, ließe sich doch wohl noch eine andere Jesusgestalt rekonstruieren. Die dazu einschlägigen Spuren in den erhaltenen Texten zeichnen ihn zwar als einen Kritiker der jüdischen Glaubenspraxis in seinem Umfeld, sehen ihn dabei jedoch auch noch immer ganz im Einklang mit den beeindruckenden Motiven des großen prophetischen Erbes seiner Religionsgemeinschaft und rechnen ihm daher auch alle Gedanken und Taten zu, die ihn als einen Protagonist von Religion 1 im vollsten Sinn verstehen und in Anspruch nehmen lassen. So kann man, etwa aus seinem Bild vom einfachen Volk als einer ohne Hirten verlorenen Herde, eben mit *Und Jesus ging heraus und sah das große Volk; und es jammerte ihn derselben; denn sie waren wie die Schafe, die keinen Hirten haben (Mk 6, 34)* statt *Sie sind allzumal Sünder und mangeln des Ruhmes, den sie bei Gott haben sollten (Rm 3, 23)*, dies zumal mit dem immer wieder begegnenden Verweis auf ein satanisches Wirken, zum Beispiel unschwer erschließen, dass und wie Jesus von einem Leiden der Menschen beeindruckt und belastet gewesen sein muss, das auch für ihn eine existenzielle Dimension hatte, die über alle Plagen des Alltags noch weit hinausging. Ebenso verweisen seine präsentische Gottesreichsvorstellung und die von ihm in Worten und Gleichnissen sowie mittels symbolischer Handlungen wie dem eigenen Umgang mit Außenseitern und Kranken auf seine Überzeugung hin, sich bei allem Elend, dem Menschen sich infolgedessen allein schon von Natur ausgesetzt sehen müssen, ganz zu schweigen von dem, für das sie darüber hinaus auch noch selbst verantwortlich sind, immer und überall auf einen liebenden statt strafenden Gott verlassen zu können. Desgleichen zeigt sein Bekenntnis zur Bekräftigung dieser Überzeugung und Unterstützung ihrer heilenden Wirkung mit rituellen Mitteln, wie sie ihm, so neben den intimen Mahlzeiten mit seinen Jüngern und den spektakuläreren Massenspeisungen am See Genezareth vor allem durch seinen Bezug zu Jerusalem und dem Passahfest, als Jude auch dann noch wichtig geblieben waren, als er sich schon die Freiheit genommen hatte, sich von einem Glauben zu distanzieren, der seinen Bedürfnissen und Einsichten nicht mehr entsprach. Wenn es richtig ist, seine letzten Worte am Kreuz nach Markus – *mein Gott, mein Gott, warum hast du mich verlassen* (Mk 15,34) – nicht als Verzweiflungsschrei, sondern als ein Zitat des ersten Verses von Psalm 22 zu deuten, wäre zudem auch dies noch als Bekenntnis zu einem altjüdischen Ritus und damit als eine letzte Bekräftigung seiner Entschlossenheit anzusehen, sich wenn lebenslang schon nicht einer orthodoxen Glaubenstreue, so doch zumindest der Spiritualität und Metaphorik seiner eigenen religiösen Überzeugungen bis zuletzt verpflichtet geblieben zu sein. Schließlich steht, obwohl mit seiner kerygmatischen Übermalung in wesentlichen Teilen nahezu bis zur Unerkennbarkeit zum Verschwinden gebracht, sein Verständnis für die kleinen Sorgen des Alltags, den Wunsch, im Kreis von Verwandten und Freunden zu feiern und das Bedürfnis nach Zärtlichkeit in den Begegnungen mit Frauen, dazu nicht zuletzt auch seine Ablehnung jeder Art von moralischem Rigorismus als Bedingung dafür, mit Gott und sich selbst ins Reine zu kommen, für keine unter damaligen Juden oder Heiden übliche Routine, sondern demonstrierte seine Entschlossenheit, der eigentlichen Substanz und Intention alles Religiösen wieder einmal uneingeschränkt Geltung zu verschaffen.

Es ist, wenn auch, behält man die existenzielle Dimension und Dramatik im Auge, um deren Wahrnehmung und Bewältigung es ihm hierbei gegangen sein musste, nicht überraschend, aber doch ebenso faszinierend wie deprimierend, dabei zugleich aber auch zur Kenntnis nehmen zu müssen, wie bald nach seinem Tod sich schon die Bestrebungen bemerkbar zu machen und durchzusetzen begannen, seine menschlich gewiss anspruchsvollen Anstöße dazu in kleinerer Münze anzubieten und mit vertrauenerweckenderen Sinn- und Sicherheitsversprechungen nach Art der Zeit unter die Leute zu bringen. Das begann, vermutlich schon vorbereitet von den Missverständnissen und Selbsttäuschungen seiner engsten Vertrauten in der kurzen Zeit seines Wirkens und der unmittelbaren Konfrontation mit seinem bösen Ende, erreichte in der Zeit unmittelbar nach seinem Tod, befördert vom Verschwinden seines Leichnams, den mehrfachen Ostererscheinungen und der Auferstehungsvision sowie einer kollektiv beschworenen Inspirationserfahrung einen ersten Höhepunkt und nahm schließlich mit der paulinischen Theologie, erklärtermaßen ohne jeden expliziten Bezug zu biographischen Einzelheiten seines eigenen Lebens und Wirkens, Züge an, die eher mit einem verworrenen Zeitgeist und den eigenen Lebensproblemen wie Erlösungsphantasien seiner Jünger und Anhänger als mit dem in Einklang waren, woran ihm selbst bis zur Inkaufnahme seines eigenen Todes gelegen gewesen sein musste.

Um zu verstehen, worum es ihm ging, wird man sich daher, zumal wenn man sich an den auch ihm schon entgegengebrachten Häretikerverdacht hält, eher als an einen Thomas von Aquin an jemand wie Meister Eckehart zu halten haben, diesem dabei freilich auch weniger zu einem Mystiker machen dürfen und ihm neben vielen anderen originellen Gedanken auch solche zuzubilligen haben, die ihn schon zu einem Vorläufer Wittgensteins machen könnten. Natürlich gehört, in seiner Eigenschaft als rebellischer Augustinermönch wie Wittenberger Theologieprofessor, zumindest der junge Luther mit seiner sola- scriptura- und sola-fide-Botschaft in die Reihe derer, die sich von den kerygmatischen Retuschierungen und theologischen Rationalisierungen zu befreien und zum eigentlichen Kern der Jesusbotschaft zurückzukehren suchten, ebenso in jüngerer Zeit natürlich auch jemand wie Simone Weil. Lässt man sich von nichts anderem als dem Häresieverdacht leiten, spricht zudem auch nichts dagegen, Ernst Bloch oder Martin Buber darin auszuzeichnen, dem Nazarener mit der eigenen Religiosität bedeutend nähergekommen zu sein als so mancher erklärte Christ in Vergangenheit und Gegenwart.

Wie man sieht, gibt es gute Gründe, auch mit primärreligiösen Überzeugungen und Empfehlungen so aufklärt wie nur irgend möglich und tunlich umzugehen – Christus mithin immer noch keinesfalls ganz ohne Voltaire und damit ohne rational begründbare Anforderungen an eine religiöse Praxis mit existenzieller Dimensionierung und kurativer Erfolgsaussicht, aber ohne jede Illusion, auch über mehr als das noch sprechen zu können. Wozu sonst, wenn nicht zur Bekräftigung dieser Einsicht könnte der Theologie auch weiterhin ein Mandat übertragen bleiben, das immer noch Sinn machen könnte und deshalb vertretbar wäre?

Ist dem komplementär dazu nun aber nicht auch auf der Aufklärungsseite ein Kritik- und Supportbedarf gegenüberzustellen, dem wiederum nur Religion und Religiosität – hier wie bisher schon immer in ihrer primärreligiösen Qualität – abzuhelfen vermöchte und daher auch dazu verpflichtet sein könnte – Christus gewiss nicht ohne Voltaire, aber Voltaire eben auch nicht ohne Christus? Gehörte zum menschheitsgeschichtlichen Aufklärungsprojekt, kontingenter Umstände wegen gewiss kein ausschließlich, aber doch lange Zeit bevorzugt altgriechisch begonnenes und europäisch weitergeführtes Unterfangen, immerhin doch von Anfang an auch so schon ein kritisches Bewusstsein, das auf sich selbst und die eigene beschränkte Reichweite und Tragfähigkeit fokussiert war, mit der philosophischen Überlieferung auch über das europäische Mittelalter erhalten blieb und mit wie nach dem historischen Aufklärungsjahrhundert zur Nobilitierung jeden Wissens mit seriös begründbarem Geltungsanspruch den Anlass gab? Wozu dann noch als letzte Bekräftigung ein Segen urbi et orbi? War denn bei korrekter Befolgung eines rationalitätsverpflichteten Begründungsimperativs nicht ohnedies schon alles getan, um einer Überschätzung der so gewonnenen Einsichten oder ihrem Missbrauch wirksam begegnen zu können?

Dabei wird man allerdings erstens die Gefahr von Grenzverletzungen in Betracht zu ziehen haben, die der besonderen Dimension und Qualität der menschlichen Grunderfahrung zuzuschreiben sind, als eine Laune der biologischen Evolution lebenslang unüberbrückbaren Inkongruenzen zwischen rätselhaft, wo nicht bedrohlich erscheinenden Weltverhältnissen und darauf zu wenig abgestimmten Bewusstseinsleistungen ausgesetzt zu sein. Bei der Trägheit von genetischen Anpassungsprozessen sowie der immer noch sehr großen Unwahrscheinlichkeit, diese in absehbarer Zeit mit akzeptablen Ergebnissen biotisch oder technisch beschleunigen zu können, dies zumal mit der Aussicht nicht auf eine abnehmende, sondern auf eine zunehmende Komplexität der natürlichen wie sozialen Um- und Mitweltszenarien, wird man infolgedessen allein schon deshalb anzunehmen haben, auf eine religiöse Praxis in dem hier spezifizierten Sinn so bald noch nicht verzichten zu können. Ist dabei erstens doch nicht nur von den banalen Herausforderungen und normalen Wissenslücken die Rede, die jede Alltagssituation zu einem Abenteuer mit ungewissem Ausgang machen können, sondern von jenem Urphänomen existenzieller Bedrohung und intellektueller Hilflosigkeit, mit dessen sprachlicher Artikulation Kierkegaard sich seine Skepsis gegenüber Hegels Glauben an die Macht des Geistes (und um sein eigenes Leiden an deren religiöser Verstärkung statt Milderung durch die kirchlich organisierte Glaubenspraxis seiner Zeit) von der Seele geschrieben hat. Wenn man sich daher nicht nur klar macht, um welche exorbitanten Hoffnungen auf Geborgenheit und Verlässlichkeit es dabei geht, sondern auch in Betracht zieht, dass aus diesem Grund neben den genuin religiösen Überzeugungen im Sinne dieser Definition auch damit konkurrierende Angebote in Gestalt von säkularen Sinn- und Heilsversprechen ebenso dogmatischen Charakter annehmen und mit mehr oder weniger großer Intransigenz verteidigt werden können, ist kaum zu erwarten, dass ein von allen Mythologemen befreites Bewusstsein allein schon in der Lage sein könnte, dieser Herausforderung ohne jede religiöse Hilfestellung, so als gäbe es noch ein propädeutisches und prophylaktisches vor dem theoretischen und praktischen Wissen, wirklich und auf Dauer standhalten zu können. Zu wissen, wohin man, einmal zur Welt gekommen, gelangt ist, was man vom damit begonnenen Leben zu erwarten hat und worauf man dabei bauen kann, ist nun einmal keine Frage wie jede andere auch, ebenso ob die an die Stelle der genetischen Anpassung getretenen Bildungsprozesse auf dem Weg von der Geburt bis zum Tod genügen können, um einmal auf das eigene Leben als ein gelungenes und damit beglückendes zurückblicken zu können, ist keineswegs ausgemacht.

Zweitens spricht selbst in aufklärerischer Perspektive noch immer einiges dagegen, primärreligiösen Überzeugungen zumindest beim gegenwärtigen Stand der Dinge schon jede Zukunft abzusprechen, ja womöglich sogar offen und entschlossen den Kampf anzusagen, dass es für eine erfolgversprechende Reaktion auf dieses urmenschliche Anpassungsdefizit nach wie vor keine vergleichbar aussichtsreiche Alternative zu geben scheint als die, sich durch geeignete Imaginationen und Metaphern sowie alltagsüberschreitende Inszenierungen individuell wie kollektiv selbst in einen Zustand zu versetzen, der wenigstens für Augenblicke ein Ende der Entzweiung und die Wiederaufnahme in das verlorene Paradies erleben lässt, um mit genug Lebensvertrauen und Zukunftshoffnung zum größten Glück der größten Zahl, das eigene eingeschlossen, beitragen zu können. Zieht man die existenzielle Dimension der Bedrohung und Herausforderung in Betracht, die von diesem evolutionär zugemuteten Hiatus zwischen bewusstseinsexterner Weltbeschaffenheit und gehirnspezifischer Leistungsunfähigkeit ausgeht, wäre hierbei zumindest in Erwägung zu ziehen, ob in diesem Fall nicht von einer Praxis sui generis die Rede sein könnte, von deren Potenzial, evolutionär nicht weniger angelegt wie das humantypische Anpassungsdefizit im Verhältnis zwischen Welt und Mensch, Gebrauch gemacht werden kann, um dieses Mangels Herr zu werden, aber auch Gebrauch gemacht werden muss, wenn dies nach den Imperativen eines ebenso der eigenen Vernunft gehorchenden wie dem eigenen Glück verpflichteten

Lebens gelingen soll. Dabei wird man psychologisch zwar einzuräumen haben, dem klinischen Formenkreis der Hetero- und Autosuggestion nahezukommen, dies jedoch mit der Aussicht, dabei mit Sätzen, Bildern oder Klängen auf dem gleichen Niveau nicht nur Erhebung, sondern auch Heilung versprechen und bewirken zu können. Ebenso ist kaum vollstellbar, wie man, ausgehend etwa von der Diagnose eines angstneurotischen Syndroms, allein mit psychotherapeutischen oder pharmakologischen Mitteln in diesem Fall das Gleiche bewirken könnte.

Einen Grund dafür, sich von dem, was Religion im gefülltesten Sinn zu bieten haben könnte, noch immer nicht allzu bald zu verabschieden, ließe sich wo möglich drittens auch darin noch sehen, dass der Versuch einer Heilung dieses existenziellen Mangels mit einer Operation, die ohne die genannte Spezifik in der Tat nur als eine komfortabel verschleierte Einladung zum Selbstbetrug anzusehen wäre, um mehr als das vertretbar machen zu können niemals vergessen lassen darf, damit an einer Grenze des Sag- und Wissbaren zu operieren, über die hinaus, versteht man Wittgensteins lakonisches Fazit am Ende seines *Tractatus logico-philosophicus* ebenso und folgt ihm in diesem Sinn, nur noch umso mehr an Einsichten zu gewinnen ist, je mehr man darauf verzichtet, diese in Sätzen zu behaupten (*Meine Sätze erläutern dadurch, dass sie der, welcher mich versteht, am Ende als unsinnig erkennt, wenn er durch sie – auf ihnen – über sie hinausgestiegen ist. (Er muss sozusagen die Leiter wegwerfen, nachdem er auf ihr hinaufgestiegen ist.) Wovon man nicht sprechen kann, darüber muss man schweigen*; Tract. 6.54) – hier mithin also, wenn trotzdem immer noch in Sprachform, dann allenfalls metaphorisch oder enigmatisch, ansonsten piktural, skulptural und wie immer, natürlich auch musikalisch sowie am besten schweigend und in meditativer Versenkung.

Damit in unmittelbarer Verbindung steht schließlich viertens, dass man auch bei einem Bekenntnis zur Aufklärung von religiösen Überzeugungen und Handlungen dieser Qualität sowie von Individuen mit einer besonderen Begabung für deren prophetische oder auch nur professionelle Bekundung und Anleitung ohne jeden Verrat an der eigenen Überzeugung immer noch einiges von bleibendem Interesse erwarten kann – vorausgesetzt natürlich, diese wissen nach wie vor selbst, worum es dabei geht. Ein Engagement in Wort und Tat, das per se an dieser Wittgenstein'schen Grenze operieren muss, um dem von ihm gewünschten Zweck zu genügen, gegen das urmenschliche Schicksal des Verlassenseins in Raum und Zeit sowie der eigenen Hilflosigkeit im Umgang damit zu wappnen, ist darüber hinaus nicht nur im Interesse einer Selbstkontrolle zugunsten der eigenen religiösen Mission, sondern auch in der Funktion eines Exerzitiums mit dem Ziel schätzens- und erhaltenswert, um sich, konfrontiert mit einer existenziellen Herausforderung von dieser Dimension, die Gelegenheit zu einer Selbstverortung und Selbstbescheidung zu bewahren und in einen glücksversprechenden Lebensweg zwischen narzisstischer Rebellion und depressiver Kapitulation einzuüben. Man kann darin somit so etwas wie eine Reset-Taste sehen, der man sich im Fall von Entgleisungen in der einen oder anderen Richtung immer wieder bedienen kann, um sich von neuem zu redimensionieren. Wie die Geschichte belegt, ließe sich auf diese Weise auch fernerhin nicht nur dem aufklärerischen Kritik- und Selbstkritikgebot Rückhalt verschaffen sowie Gefahren einer Generierung und Implementierung von säkularistischen Alternativen mit pseudoreligiösen Sicherheitsversprechen, darunter neben den großen Ideologien der Zeit auch solche mit expliziter Berufung auf Aufklärung und Wissenschaft selbst, begegnen. Ebenso könnte der Fehler vermieden werden, dem religiösen Hilfsangebot mit einer Grenzverletzung in Gestalt von Semantisierungs- und Dogmatisierungsbestrebungen sowie einer exklusiven Geltendmachung, statt ihm damit einen Platzvorteil in der Konkurrenz um die beste spirituelle Medizin zu verschaffen, umso mehr an Wirkung zu nehmen, je mehr ihm auf diesem Weg Ausdruck und Verbindlichkeit gegeben wurde. Seit Homers Zeiten missfiel den Göttern menschliche Hybris, bestraften, wer dennoch sein wollte wie Gott und ließen, wer sich ihrem Dienst auf Erden verschrieben hatte, zur Demut mahnen – so wie noch Thomas a Kempis in seinem Traktat über die *Recommendatio Humilitatis*: *Discite a me quia mitis sum et humilis corde: dicit Dominus. Summus magister et legifer noster Dominus Iesus Christus humilitatem discere nos hortatur; quam qui bene servaverit cito perfectus erit: sine qua nulla lectio ad salutem valet; quia in vacuum laborat : qui sine humilitate aliquid scire conatur – Lernet von mir, denn ich bin sanftmütig und von Herzen demütig, sagt der Herr. Unser höchster Lehrmeister und Gesetzgeber Jesus Christus ermahnt uns, die Demut ermahnt uns, die Demut zu lernen; wer sie gut bewahrt, wird bald vollkommen sein; ohne sie führt keine Lehre zum Heil; denn vergeblich müht sich, wer ohne Demut versucht, etwas zu wissen* (Thomas a Kempis, *Recommendatio Humilitatis* 1 f., in ders.: *De Imitatione Christi*, a.a.O., S. 497). Wer könnte in frommer Imagination mehr Überlegenheit und das Recht zugesprochen bekommen als eine solche Instanz, die Schuster an die sehr viel bescheidenere Dimension ihrer Leisten zu erinnern? Also doch wie Christus nicht ohne Voltaire, so auch Voltaire nicht ohne Christus!

Man kann es auch so sagen und sehen: Wer sonst, wenn nicht die Religion kann die großen Vereinfacher in die Schranken weisen, aber auch, wer sonst, wenn nicht die Aufklärung kann die Religion daran hindern, selbst zum größten aller Vereinfacher zu werden?

Literatur

Albert, H.: *Traktat über kritische Vernunft*, Tübingen 1968.

Augustinus: *Bekenntnisse*. Zweisprachige Ausgabe. Aus dem Lateinischen von Joseph Bernhart. Mit einem Vorwort von Ernst Ludwig Grasmück, Frankfurt a. M 1987.

Ders.: *Theologische Frühschriften. Vom freien Willen. Von der wahren Religion*, übersetzt und erläutert von W. Thimme, Zürich, Stuttgart 1962.

Bergson, H.: *Les deux sources de la morale et de la religion*, Paris 1932.

Biser, E.: *Einweisung ins Christentum*, 2. Auflage Düsseldorf 1998.

Ders.: *Jesus. Sein Lebensweg in neuem Licht*, Kevelaer 2018.

Bloch, E.: *Religion im Erbe. Eine Auswahl aus seinen religionsphilosophischen Schriften*, 2. Aufl., München und Hamburg 1970.

Bornkamm, G.: *Jesus von Nazareth*, 2. Aufl., Stuttgart 1957.

Buber, M.: *Die Erzählungen der Chassidim*, Zürich 1949.

Ders.: *Das dialogische Prinzip. Ich und Du. Zwiesprache. Die Frage an den Einzelnen. Elemente des Zusammenlebens. Zur Geschichte des dialogischen Prinzips*, Gütersloh 1999.

Buggle, F.: *Denn sie wissen nicht, was sie glauben. Oder warum man redlicherweise nicht mehr Christ sein kann. Eine Streitschrift*, Aschaffenburg 2012.

Bultmann, R.: *Jesus*, Berlin 1926.

Ders.: *Offenbarung und Heilsgeschehen*, München 1941.

Ders.: *Das Urchristentum im Rahmen der antiken Religionen*, Reinbeck bei Hamburg 1962.

Ders.: *Theologie des Neuen Testaments*, 3. durchges. Aufl., Tübingen 1968.

Conzelmann, H., Lindemann, A.: *Arbeitsbuch zum Neuen Testament*, Tübingen 1975.

Der historische Jesus und der kerygmatische Christus. Beiträge zum Christusverständnis in Forschung und Verkündigung, hrsg. v. H. Ristow und. Karl Mattiae, 2. Aufl. Berlin 1961.

Dibelius, M., Kümmel, W. G.: *Paulus*, Berlin 1951.

Drewermann, E.: *Tiefenpsychologie und Exegese*, 2 Bde., München 1993.

Ders.: *Im Einklang leben. Worte zur Schöpfung*, ausgewählt und herausgegeben von H. Körlings, Ostfildern 2017.

Eliades, M.: *Geschichte der religiösen Ideen*, 4 in 5 Bden., 2. Aufl., Freiburg, Basel, Wien 1994.

Ders.: *Die Religionen und das Heilige. Elemente der Religionsgeschichte*, aus dem Französischen übersetzt von M. Rassem und I. Köck, Frankfurt a. M., Leipzig 1998.

Flasch, K.: *Augustin. Einführung in sein Denken*, Stuttgart 1980.

Ders., *Warum ich kein Christ bin. Bericht und Argumentation*, 3. Aufl., München 2013.

Gerhardt, V.: *Glauben und Wissen. Ein notwendiger Zusammenhang*, Stuttgart 2016.

Gollwitzer, H.: *Marxistische Religionskritik und der christliche Glaube*, 7. Aufl., Gütersloh 1987.

Goppelt, L.: *Theologie des Neuen Testament*, hrsg. v. J. Roloff, unveränderter Nachdruck der 3. Auflage, Göttingen 1981.

Habermas, J.: *Zwischen Naturalismus und Religion. Philosophische Aufsätze*, Frankfurt a. M. 2005.

Ders., Ratzinger, J.: *Dialektik der Säkularisierung. Über Vernunft und Religion*, Freiburg, Basel, Wien 2011.

Heiligenthal, R.: *Der verfälschte Jesus. Eine Kritik moderner Jesusbilder*, 2. aktualisierte und erweiterte Auflage, Darmstadt 1999.

Hume, D.: *Die Naturgeschichte der Religion. Über Aberglauben und Schwärmerei. Über die Unsterblichkeit der Seele. Über Selbstmord*, übersetzt und eingeleitet von Lothar Kreimendahl, Hamburg 1984.

Jaschke, H.: *Jesus der Mystiker*, Mainz 2000.

Jensen, A. E.: *Mythos und Kult bei den Naturvölkern. Religionswissenschaftliche Betrachtungen*, mit einem Geleitwort von E., Haberland, München 1992.

Käsemann, E.: *Der Ruf der Freiheit*, 3. veränderte Auflage, Tübingen 1986.

Kraft, H.: *Die Kirchenväter. Bis zum Konzil von Nicäa*, Bremen 1966.

Leppin, V.: *Die fremde Reformation. Luthers mystische Wurzeln*, München 2016.

Marcuse, H.: *Der eindimensionale Mensch. Studien zur Ideologie der fortgeschrittenen Industriegesellschaften*, 15. Aufl. Darmstadt und Neuwied 1988.

Meister Eckehart: Deutsche Predigten und Traktate, hrsg. u. übers. v. Josef Quint, Zürich 1979.

Mensch und Gottheit in den Religionen. Kulturhistorische Vorlesung, hrsg. von der Universität Bern, Bern, Leipzig 1942.

Mensching, G.: *Die Religion. Eine umfassende Darstellung ihrer Erscheinungsformen, Strukturtypen und Lebensgesetze*, München o. J.

Moltmann, J.: *Das Kommen Gottes. . Christliche Eschatologie*, 2. Aufl. Darmstadt 2005.

Ohlig, K.-H.: *Religion in der Geschichte der Menschheit. Die Entwicklung des religiösen Bewusstseins*, Darmstadt 2002.

Otto, R.: *Das Heilige. Über das Irrationale in der Geschichte des Göttlichen und sein Verhältnis zum Rationalen*, Neuausgabe mit einem Nachwort von H. Joas, München 2014.

Pascal, B.: *Über die Religion und über einige andere Gegenstände (Pensées)*, übertragen und herausgegeben von Ewald Wasmuth, 9. Aufl. Darmstadt 1994.

Radin, P.: *Die religiöse Erfahrung der Naturvölker*, Zürich 1951.

Sloterdijk, P.: *Nach Gott*, Berlin 2017.

Sölle, D.: *Atheistisch an Gott glauben. Beiträge zur Theologie*, 2. Aufl. 1986.

Dies.: *Mystik und Widerstand. "Das stille Geschrei"*, 5. Aufl. Hamburg 1999.

Schleiermacher, F.: *Über Religion. Schriften, Predigten, Briefe*, hg. v. Chr. Albrecht, Frankfurt a. M. u. Leipzig 2008.

Taylor, E. B.: *Primitiv Culture: Researches into the Development of Mythology, Philosophy, Religion, Art, and Custom*, 2 Bde., London 1971 (Nachdr. New York 1974).

Tetens, H.: *Gott denken. Ein Versuch über rationale Theologie*, Stuttgart 2015.

Thomas von Kempen: *De imitatione Christi. Nachfolge Christi und vier andere Schriften*, Lateinisch und Deutsch, herausgegeben, eingeleitet und übersetzt von F. Eichler, München 1966.

Teilhard de Chardin, P.: *La place de l'homme dans la nature. Le groupe zoologique humain*, Paris 1956.

Timm, H.: *Fallhöhe des Geistes. Das religiöse Denken des jungen Hegel*, Frankfurt a. M. 1979.

Tugendhat, E.: *Egozentrizität und Mystik. Eine anthropologische Studie*, München 2003.

Tworuwschka, U.: *Einführung in die Geschichte der Religionswissenschaft*, Darmstadt 2015.

Vielhaber, E.: *Alten Wein in neue Schläuche. Biblische Sprachbilder für heute gedeutet*, Gütersloh 2010.

Was ist Religion? Texte von Cicero bis Luhmann, hrsg. v. J. Schlierer, Stuttgart 2010.

Weber, M. A.: *David Hume und Edward Gibbon. Religionssoziologie in der Aufklärung*, Frankfurt a. M. 1990.

Weil, S.: *La pesenteur et la Grâce*, Paris 1947.

Dies.: *L'enracinement. Prélude à une déclaration des devoirs envers l'être humain*, Paris 1949.

Welches Christentum hat Zukunft? Dorothee Sölle und Johann Baptist Metz im Gespräch mit Karl-Josef Kuschel, 2. Aufl. 1990.

Schluss

Es mag, bringt man es noch einmal auf den Punkt, überraschen, sich unter aufklärerischen Prämissen nicht nur imstande und gehalten zu sehen, einer religiösen Praxis, wo und wie man ihr begegnen kann, Mores zu lehren, sondern, um die eigenen Bäume nicht in den Himmel wachsen zu lassen, nach wie vor gut daran zu tun, umgekehrt auch ihr jedenfalls mit dem Blick auf das, was seit eh und je davon schon zu gewinnen war, nicht allzu dezidiert den Rücken zu kehren. Dass es dabei nicht mehr nur darum gehen kann, der Philosophie und anderem Wissen mit dem gleichen Stigma der Gottlosigkeit allenfalls den Status einer ancilla fidei zuzubilligen, versteht sich von selbst. Zudem wird man, um keinem unangebrachten Rigorismus zu verfallen, Wittgensteins Schweigegebot wohl auch nur mit der Konzession zu beachten haben, in den Gefilden auf der anderen Seite des sprachlich Erreich- und Bewahrheitbaren je nach Bedarf zumindest metaphorisch anzudeuten, wovon dabei ernsthaft immer noch in keinem Fall die Rede sein könnte. Wie wäre es denn, um in diesem Bild zu bleiben, mit der Vorstellung eines reziproken Bedingungsverhältnisses zwischen Wissen und Glauben in der Gestalt eines intelligenten Grenzmanagements unter Beteiligung von philosophischen Grenzwächtern wie theologischen Traumtänzern und Märchenerzählern, Erstere, um mit dem Geschenk der Vernunft zu wuchern und Letztere, um dazu zu ermutigen, sich auf eine Träumerei an dieser Grenze einzulassen, um dem eigenen Verstand dabei ebenso aufzuhelfen wie Limits zu setzen, ohne ihn bei dieser Gelegenheit ganz und gar zu verlieren,

Von Wissen und Glauben mit Bezug auf eine humantypische Problemlage zu handeln, die sich einer natur- und evolutionsbedingten Inkongruenz von Weltverhältnissen und Gehirnleistungen verdankt, legt nahe, zum Abschluss mit einem Verweis auf die Bildungsthematik auch das einzige Mittel wenigstens noch kurz anzusprechen, das sapiens-Hominiden unter diesen Umständen zur Verfügung steht, um dem ihnen damit zugemuteten Schicksal wenn schon nicht ganz entgehen, so doch zumindest mit der Aussicht auf mehr Einsicht und Glück aus eigener Kraft etwas von seiner bedrückenden Schwere nehmen zu können. Denn auch wenn man Marx noch immer darin zustimmen muss, *„dass also die Umstände ebenso sehr die Menschen, wie die Menschen die Umstände machen"* (*Die deutsche Ideologie* in *Die Frühschriften*, herausgegeben von Siegfried Landshut, Stuttgart 1955, S. 368), was unweigerlich zur Folge hat, sich selbst mehr und mehr der Freiheit zu berauben, über sich und das eigene Schicksal bestimmen zu können, bleibt nach Darwin ja doch wohl nichts anderes übrig, als alle verbleibende Hoffnung nach wie vor auf die ihnen von der Natur und Evolution zu eigen gemachte Gabe zu setzen, von ihrer überreichen Ausstattung mit vernunft- und bildungsfähigen Synapsen Gebrauch zu machen, um dieser selbstgestellten Falle ihre Fatalität am Ende doch noch einmal nehmen zu können.

Dazu bedürfte es in den Regionen mit den heute zukunftsbestimmenden Zivilisationen als Erstes und vor allem anderen einer Umkehr des Trends, Neuankömmlingen auf diesem Planeten eine Adaption an das ihnen widerfahrene Geschick, wo nicht Missgeschick in lebensweltlich unvermittelten Erfahrungsräumen mit der Möglichkeit zu verweigern, sich jenes von ihnen naturwüchsig erreichbare Maß an Lebensvertrauen und Selbstsicherheit zu erwerben, das sie schon dazu befähigen könnte, auch bei allen weiteren Lebenskrisen nicht gleich die Nerven zu verlieren – immerhin hat sich das menschliche Gehirn unter archaischen Lebensbedingungen und in wildbeuterischen Milieus entwickelt, wie sie unmittelbarer begegnend und belohnend oder verweigernd nicht sein konnten. Man wird sich daher kaum vorstellen können, dass die Evolution – oder welche geheimnisvolle Macht dahinter auch immer sonst noch imaginiert werden kann – sich in so früher Zeit schon davon leiten gelassen haben könnte, über eine Bewährung in damaligen Lebenslagen hinaus auch für alle zukünftigen, die gegenwärtige und was immer danach noch kommen könnte eingeschlossen, bereits Vorsorge zu treffen.

Darüber hinaus wäre, um sich in einer Zeit neuer technischer Revolutionen für einen Wiedergewinn des Einflusses auf das eigene Schicksal mental fit zu machen, auch schul- und hochschulpolitisch eine Tendenzwende dringend angesagt. In einer Welt zunehmender globaler Fremdbestimmung und einem immer undurchschaubarer werdenden Ringen um politische Dominanz wie ökonomische Effizienz liegt es zwar nahe, das über den verbleibenden Rest an lebensweltlich erwerbbarer Erfahrung hinaus die schulischen Institutionen, die für eine Vorbereitung auf diese zunehmend abstrakter begegnenden Lebensumstände zuständig sind, mehr und mehr zu einer Vermittlung der dafür nachgefragten propädeutischen und professionellen Kompetenzen zu verpflichten. Wie die Praxis bisher schon zeigt, besteht bei dem derzeit gewünschten Zeitlimit sowie unter gegebenen budgetären und politischen Restriktionen jedoch die Gefahr einer fortgesetzten Ausdünnung, wo nicht gänzlichen Verdrängung ausgerechnet derjenigen Lehrfächer, von deren allgemeiner kultivierenden und lebensbezogener instruierenden Funktion wie Effizienz und Akzeptanz abhängt, ob es gelingen kann, sich noch erhaltene Freiheiten zu bewahren und schon verloren gegangene wiederzugewinnen. Wovon, wenn nicht von einer Beschäftigung mit Philosophie, Literatur, Kunst und Musik sowie von einem ebenso theoretisch wie praktisch Nutzen stiftenden Zugewinn an Realitätssinn und Realitätsnähe durch den Erwerb von geschichts-, gesellschafts- und wirtschaftswissenschaftlich bereitgestelltem Wissen ist denn sonst noch eine Aneignung von Fähigkeiten zu erwarten, die jenes ebenso selbstbestimmte wie mitmenschliche Leben auch heute noch zu leben erlauben könnten, das allenthalben zwar mehr oder weniger empathisch beschworen wird, faktisch inzwischen jedoch allein deswegen schon mehr und mehr zu einer bloßen Leerformel geworden ist, weil niemand mehr so recht zu wissen scheint, was genau das derzeit noch bedeuten könnte und dementsprechend auch verteidigt werden sollte. Über den mittlerweile schon ganz und gar fraglos gewordenen Bildungswert der Naturwissenschaften als solchen wäre in diesem Zusammnenhang natürlich schon längst kein Wort mehr zu verlieren, wohl aber über das didaktische Gewicht, das neben den technisch unmittelbar verwertbaren Disziplinen auch noch der Natur und ihrer Evolution im Ganzen, die dazu gehörende Anthropogenese mit ihrer neurologischen wie psychologischen Humanspezifik darin eingeschlossen, einzuräumen wäre.

Was die Philosophie anbetrifft, liegt nahe, ihr dabei auch wieder, so wie in der Vergangenheit lange Zeit ganz selbstverständlich, eine im weitesten Sinn begründende wie im besten Sinn aufklärende Funktion einzuräumen. Um dabei chaotisierende Privatvorlieben und historisierende Fluchtreflexe von vornherein zu unterbinden und ein sinnvolles Maß an Einheitlichkeit zu erreichen, böte es sich heute dazu zudem noch am ehesten an, mit einem semiologisierten Neopragmatismus den inzwischen wohl international konsensfähigsten Ansatz als Rahmenkonzeption allgemein verbindlich zu machen, dies nicht zuletzt auch deshalb, weil sich damit Anliegen der beiden anderen zeitgenössischen Denkansätze – die der Wissenschafts- und der Existenzphilosophie – noch am problemlosesten in Verbindung bringen ließen.

Bleibt schließlich noch die Frage nach dem curricularen Platz, der hierbei auch einem Religionsunterricht noch immer einzuräumen wäre. Abgesehen davon, dass es sich in diesem Fall nicht mehr um eine letzthinnige Integrations- und Fundierungsleistung handeln könnte und allein darum zu gehen hätte, kognitive Angebote und praktische Empfehlungen im Geiste von Religion 1 in einer für beide Seiten sinnvoll ergänzende und wechselseitig begrenzende Beziehung zu den aufklärungsverpflichteten Instruktionen zu setzen, entstünde dabei naturgemäß vor allem das Problem der thematischen Ausgestaltung. Am sinnvollsten wäre infolgedessen vermutlich, die Religionsfrage in dieser Perspektive zum einen ganz in staatliche Regie zu nehmen und zu einem Bestandteil der philosophischen Grund- und Fortbildung zu machen und es zum anderen den interessierten Glaubensgemeinschaften selbst zu überlassen, ihre besonderen Überzeugungen und Empfehlungen außerhalb der staatlichen Institutionen und auf freiwilliger Basis, auch dies natürlich immer noch nicht ohne Aufsicht eines rechtlich gebundenen und demokratisch legitimierten politischen Souveräns, nicht nur paränetisch, sondern auch pädagogisch zu vermitteln. Ratsam wäre in jedem Fall schließlich, mit dieser Thematik dort wie hier nicht zu früh anzufangen – es ist kaum zu ermessen, was Kindern damit angetan worden ist, ihnen schon in den ersten Lebensjahren die Hölle heiß gemacht zu haben!

Es ist nicht nur reizvoll, sondern auch lehrreich, zum Abschluss einen von den empfehlenswertesten Experten für Religion und das Religiöse, Meister Eckehart, mit dem Auszug aus einer seiner deutschen Predigten über Act. 9, 8 (in der Übersetzung der Edition) – *Saulus aber richtete sich auf von der Erde ; und als er seine Augen aufschlug, sah er nichts* – zu Wort kommen zu lassen:

Mich dünkt, dass dies Wörtlein vierfachen Sinn habe: Der eine Sinn ist dieser: Als er aufstand von der Erde, sah er mit offenen Augen nichts, und dieses Nichts war Gott: denn als er Gott sah das nennt er ein Nichts. Der zweite Sinn: Als er aufstand, da sah er nichts als Gott. Der dritte: In allen Dingen sah er nichts als Gott. Der vierte: Als er Gott sah, da sah er alle Dinge als ein Nichts ...

Dazu die hier vor allem interessierenden weiteren Sätze: *Das Licht, das Gott ist, das leuchtet in der Finsternis (Joh.1, 5). Gott ist ein wahres Licht: wer das sehen soll, der muss blind sein und muss Gott von allem Etwas fern halten. Ein Meister sagt: Wer von Gott in irgendwelchem Gleichnis redet, der redet auf unlautere Weise von ihm. Wer aber mit nichts von Gott redet, der redet zutreffend von ihm. Wenn die Seele in das Eine kommt und darin eintritt in eine lautere Verwerfung ihrer selbst, so findet sie dort Gott als in einem Nichts. Es deuchte (einmal) einem Menschen wie in einem Traume – es war ein Wachtraum –, er würde schwanger vom Nichts wie eine Frau mit einem Kinde, und in diesem Nichts ward Gott geboren; der war die Frucht des Nichts ... Daher spricht er: „Er stand auf von der Erde; und mit offenen Augen sah er nichts."... Er sah alle Kreaturen als ein Nichts, denn er (=Gott) hat aller Kreaturen Sein in sich ...* Schließlich noch: *Das Licht, das Gott ist, fließt aus und verfinstert alles (andere) Licht. In jenem Licht, in dem Paulus da sah, in dem sah er Gott, sonst nichts ...* Schließlich noch: *Daher sagt Sankt Augustinus: Da Gott ein wahres Licht ist und für die Seele ein Halt und ihr näher ist als die Seele sich selbst, so muss es notwendig so sein, dass, wenn die Seele von allen gewordenen Dingen abgekehrt ist, Gott in ihr glänzt und strahlt.*

Und zum Abschluss: *Die Seele kann weder Liebe noch Angst haben, ohne zu wissen, woher. Wenn die Seele nicht hinausgeht zu äußeren Dingen, so ist sie heimgekommen und wohnt in ihrem einfältigen, lauteren Licht: da liebt sie nicht noch hat sie Angst oder Furcht. Erkenntnis ist eine Grundfeste und ein Fundament alles Seins. Liebe (wiederum) kann nirgends anders haften als in Erkenntnis. Wenn die Seele blind ist und sonst nichts sieht, so sieht sie Gott, und das ist notwendig so* (Meister Eckehart: *Deutsche Predigte und Traktate*, herausgegeben und übersetzt von Josef Quint, Zürich 1979, S. 328 ff.).

Dieser Text, der auch noch einmal an Wittgenstein denken lässt, war mit Sicherheit einer der Anlässe, die Eckeharts Feinde im damaligen Köln bewogen haben,, ihn in Rom als Ketzer zu denunzieren und ihm damit einem Prozess vor dem dafür zuständigen päpstlichen Gericht auszusetzen, der ihm, wenn er auf dem Weg zur Heiligen Stadt mit der Absicht, sich dieser

Anklage zu stellen, nicht schon vorzeitig gestorben wäre, aller Wahrscheinlichkeit nach den Tod auf einem Scheiterhaufen eingebracht hätte. Man sieht, mit welch heißem Eisen man es schon immer zu tun bekommen hat, wenn man es gewagt hat, von einer reinen Lehre auch nur allein aus dem Grund abzuweichen, dem unsagbar Bleibenden, aber doch Schmerz lindernden und Trost spendenden wie Hoffnung machenden noch näher kommen zu wollen, als erlaubt worden ist.

Literatur

Albert, H.: *Traktat über kritische Vernunft*, Tübingen 1968.

Albert, K.: *Einführung in die philosophische Mystik*, Darmstadt 1996.

Apel. K.-O.: *Der Denkweg von Charles S. Peirce. Eine Einführung in den amerikanischen Pragmatismus*, Frankfurt a. M. 1975.

Ders.: *Transformation der Philosophie*, 2 Bde., Frankfurt a. M. 1976.

Augustinus: *Bekenntnisse.* Zweisprachige Ausgabe. Aus dem Lateinischen von Joseph Bernhart. Mit einem Vorwort von Ernst Ludwig Grasmück, Frankfurt a. M. 1887.

Biser, E.: *Einweisung ins Christentum*, 2. Aufl., Düsseldorf 1998.

Ders.: *Jesus. Sein Lebensweg in neuem Licht*, Kevelaer 2018.

Bloch, E.: *Religion im Erbe. Eine Auswahl aus seinen religionsphilosophischen Schriften*, 2. Aufl., München und Hamburg 1970.

Blumenberg, H.: *Ästhetische und metaphorologische Schriften*, Auswahl und Nachwort von Anselm Haverkamp, Frankfurt a. M. 2001.

Bolz, N.: *Das Wissen der Religion. Betrachtungen eines religiös Unmusikalischen*, München 2008.

Bornkamm, G.: *Jesus von Nazareth*, 2. Aufl., Stuttgart 1957.

Buber, M.: *Die Erzählungen der Chassidim*, Zürich 1949.

Ders.: *Das dialogische Prinzip. Ich und Du. Die Frage an den Einzelnen. Elemente des Zusammenlebens. Zur Geschichte des dialogischen Prinzips*, Gütersloh 1999.

Buggle, F.: *Denn sie wissen nicht, was sie glauben. Oder warum man redlicherweise nicht mehr Christ sein kann. Eine Streitschrift*, Aschaffenburg 2012.

Bultmann, R.: *Jesus*, Berlin 1926.

Ders.: *Offenbarung und Heilsgeschehen*, München 1941.

Ders.: *Theologie des Neuen Testaments*, 3. durchges. Aufl., Tübingen 1958.

Ders.: *Das Urchristentum im Rahmen der antiken Religionen*, Reinbek bei Hamburg 1962.

Conzelmann, H., Lindemann, A.: *Arbeitsbuch zum Neuen Trestament*, Tübingen 1975.

Darwin, Ch.: *Die Entstehung der Arten durch natürliche Zuchtwahl*, übersetzt und herausgegeben von C. W. Neumann, Leipzig 1921.

Der historische Jesus und der kerygmatische Christus. Beiträge zum Christusverständnis in Forschung und Verkündigung, hrsg. v. H. Ristow u. K. Mattiae, 2. Aufl., Berlin 1961.

Dewey, J.: *The Need for a Recovery of Philosophy*, in: *The Philosophy of John Dewey*, ed. with an Instruction and Commentary by J. J. Dermott, 2 vols., New York 1973, Bd. 1, S. 58 - 98.

Dibelius, M., Kümmel, W.G.: *Paulus*, Berlin 1951.

Die Renaissance des Pragmatismus. Aktuelle Verflechtungen zwischen analytischer und kontinentaler Philosophie, herausgegeben von M. Sandbothe, übersetzt von J. Schulte, Weilerswist 2000.

Drewermann, E.: *Tiefenpsychologie und Exegese*, 2 Bde., München 1993.

Ders.: *Im Einklang leben. Worte zur Schöpfung*, ausgewählt und herausgegeben von H. Körlings, Ostfildern 2017.

Eliade, M.: *Kosmos und Geschichte. Der Mythos der ewigen Wiederkehr*, ins Deutsche übersetzt von G. Spaltmann, Frankfurt a.M. 1986.

Ders.: Geschichte der religiösen Ideen, 4 in 5 Bden., 2. Aufl., Freiburg, Basel, Wien 1994.

Ders.: *Die Religionen und das Heilige. Elemente einer Religionsgeschichte*, aus dem Französischen übers. v. M. Rassem u. J, Köck, Frankfurt a.M., Leipzig 1998.

Fink, E.: *Grundphänomene des menschlichen Daseins*, hrsg. v. Egon Schütz u. Franz-Anton Schwarz, 2. Aufl. Freiburg, München 1995.

Flasch, K.: *Augustin. Einführung in sein Denken*, Stuttgart 1980.

Ders.: *Warum ich kein Christ bin. Bericht und Argumentation*. 3. Aufl., München 2013.

Frank, M.: *Das Sagbare und das Unsagbare. Studien zur neuesten französischen Hermeneutik und Texttheorie*, Franfurt a. M. 1980.

Freud, S.: *Das Unbehagen in der Kultur*, Werkausgabe in zwei Bänden, hrsg. und mit einem Kommentar versehen von Anna Freud und Ilse Grubrich-Simitis, Bd. 2, S. 367 - 424, Frankfurt a. M. 1978.

Gerhardt, V.: *Glauben und Wissen. Ein notwendiger Zusammenhang*, Stuttgart 2016.

Goppelt, L.: *Theologie des Neuen Testaments*, hrsg. v. J. Roloff, unveränderter Nachdruck der 3. Aufl., Göttingen 1981.

Habermas, J.: *Theorie des kommunikativen Handelns*, 2 Bde., Frankfurt a. M. 1981.

Ders.: *Philosophie und Wissenschaft als Literatur?*, in: ders.: *Nachmetaphysisches Denken. Philosophische Aufsätze*, Frankfurt a. M. 1988, S. 242 - 263.

Ders.: *Der philosophische Diskurs der Moderne. Zwölf Vorlesungen*, Frankfurt a. M. 1988.

Ders.: *Zwischen Naturalismus und Religion. Philosophische Aufsätze*, Frankfurt a. M. 2005.

Ders., Ratzinger, J.: *Dialektik der Säkularisierung. Über Vernunft und Religion*, Freiburg, Basel, Wien 2011.

Heiligenthal, R.: *Der verfälschte Jesus. Eine Kritik moderner Jesusbilder*, 2. aktualisierte und erweiterte Aufl., Darmstadt 2000.

Holzhey-Kunz, A.: *Leiden am Dasein. Die Daseinsanalyse und die Aufgabe einer Hermeneutik psychopathologischer Phänomene*, Wien 1994.

James, W.: *Das philosophische Universum. Vorlesungen über die gegenwärtige Lage der Philosophie*, übersetzt von J. Goldstein, mit einer Einführung herausgegeben von U. Wilkesmann, Darmstadt 1994 (reprographischer Nachdruck der Ausgabe von 1914).

Ders.: *Die Vielfalt religiöser Erfahrung. Eine Studie über die menschliche Natur*, übersetzt und eingeleitet von E. Herms und Chr. Stahlhut, mit einem Vorwort von P. Sloterdijk, Frankfurt a. M. u. Leipzig 1997.

Ders.: *Pragmatismus und radikaler Empirismus*, herausgegeben, übersetzt und mit einem Nachwort von C. Langbehn, Frankfurt a. M. 2006.

Jaschke, H.: *Jesus der Mystiker*, Mainz 2000.

Jaspers, K., Bultmann, R.: *Die Frage der Entmythologisierung*, München 1981.

Käsemann, E.: *Der Ruf der Freiheit*, 3. veränderte Aufl. Tübingen 1986.

Kraft, H.: *Die Kirchenväter. Bis zum Konzil von Nicäa*, Bremen 1966.

Kutschera, F. von: Sprachphilosophie, 2. völlig neu bearb. u. erw. Aufl. München 1975.

Ders.: *Einführung in die intensionale Semantik, Grundlagen der Kommunikation*, hg. v. R. Posner, Berlin, New York 1976.

Ders.: *Vernunft und Glaube*, Berlin, New York 1991.

Ders.: *Grundfragen der Erkenntnistheorie,*. Berlin, New York 1982.

Landfester, R.: *Gesellschaftliche Evolution und gegenwärtige Praxis*, Paderborn 2008.

Ders.: *Kulturgeschichte und aufklärerisches Projekt.* Paderborn 2017.

Leppin, V.: *Die fremde Reformation. Luthers mystische Wurzeln*, München 2016.

Marcuse, H.: *Der eindimensionale Mensch. Studien zur Ideologie der fortgeschrittenen Industriegesellschaften*, 15. Aufl. Darmstadt und Neuwied 1988.

Marx, K.: *Die Frühschriften*, hg. v. S. Landshut, Stuttgart 1953.

Meister Eckehart: *Deutsche Predigten und Traktate*, hrsg. u. übers. v. J. Quint, Zürich 1979.

Moltmann, J.: *Das Kommen Gottes. Christliche Eschatologie*, 2. Aufl. Darmstadt 2005.

Morris, C. H. W.: *Pragmatistische Semiotik und Handlungstheorie*, mit einer Einleitung von A. Eschenbach, Frankfurt a. M. 1991.

Ohlig, K.-H.: Religion in der Geschichte der Menschheit. Die Entwicklung des religiösen Bewusstseins, Darmstadt 2002.

Pascal, B.: *Über die Religion und über einige andere Gegenstände (Pensées)*, übertragen und herausgegeben von E. Wasmuth, 9. Aufl. Darmstadt 1994.

Peirce, C. S.: *Schriften zum Pragmatismus und Pragmatizismus*, herausgegeben von K.-O. Apel, übersetzt von G. Wartenburg, Frankfurt a. M. 1991.

Peukert, H.: *Wissenschaftstheorie, Handlungstheorie, Fundamentale Theologie. Analysen zu Ansatz und Status theologischer Theoriebildung*, Frankfurt a.M. 1978.

Thomas von Kempen: *De imitationeChristi. Nachfolge Christi und vier andere Schriften*. Lateinisch und Deutsch, herausgegeben, eingeleitet und übersetzt von Friedrich Eichler, München 1966.

Savigny, E., von: *Die Philosophie der normalen Sprache. Eine kritische Einführung in die „ordinary language philosophy"*, 1. Aufl., Frankfurt a. M. 1993.

Schleiermacher, F.: *Über Religion. Schriften, Predigten, Briefe*, hrsg. v. Chr. Albrecht, Frankfurt a.M. u. Leipzig 2008

Sloterdijk, E.: *Nicht gerettet. Versuche nach Heidegger*, 1. Aufl. Frankfurt a.M. 2001.

Ders.: *Nach Gott*, Berlin 2017.

Sölle, D.: *Atheistisch an Gott glauben. Beiträge zur Theologie*, 2. Aufl. 1986.

Dies.: *Mystik und Widerstand. „Das stille Geschrei"*, 5. Aufl. Hamburg 1999.

Tetens, H.: *Gott denken. Ein Versuch über rationale Theologie*, Stuttgart 2015.

Tugendhat, E.: *Vorlesungen zur Einführung in die Sprachanalytische Philosophie*, 1. Aufl. Frankfurt a.M. 1976.

Ders.: *Philosophische Aufsätze*, 1. Aufl., Frankfurt a.M. 1992.

Ders.: *Egozentrizität und Mystik. Eine anthropologische Studie*, München 2003.

Ders.: *Anthropologie statt Metaphysik*, München 2007.

Zworuschka, U.: *Einführung in die Geschichte der Religionswissenschaft*, Darmstadt 2015.

Vielhaber, E.: *Alten Wein in neue Schläuche. Biblische Sprachbilder für heute gedeutet*, Gütersloh 2010.

Wach, J.: *Vergleichende Religionsforschung*. Mit einer Einführung von J. M. Kitagawa, Stuttgart 1962.

Weil, S.: *La pesenteur et la grâce*, Paris 1947.

Dies.: *L'enracinement. Prélude à une ´déclaration des devoirs envers l'être humain*, Paris 1949.

Welches Christentum hat Zukunft? Dorothee Sölle und Johann-Baptist Metz im Gespräch mit Karl-Josef Kuschel, 2. Aufl. Stuttgart 1990.

Wittgenstein, L. : *Tractatus locico-philosophicus. Tagebücher. Philosophische Untersuchungen*, Werkausgabe Bd.1, 5. Aufl. Frankfurt a. M. 1989.

Ders.: *Über Gewissheit*, Werkausgabe Bd. 8, 1. Aufl. Frankfurt a. M. 1984.

Wright, G. H. von: *Erkenntnis als Lebensform. Zeitgenössische Wanderungen eines philosophischen Logikers.* Aus dem Englischen übersetzt von J. Schulte, Wien, Köln, Weimar 1995.